商务数据分析系列丛书

U0725714

商业数据分析与可视化

主　　编：黄志平　郑　博
副 主 编：毛沥悦　尹诗斯　张嘉芮　余建祥　姚　奕

电子工业出版社

Publishing House of Electronics Industry

北京·BEIJING

内 容 简 介

本书采用产教融合方式编写，以数据分析与可视化应用场景为设计框架，选择汽车、金融、生活、零售、电子商务等典型的数据应用场景，以 Python 为数据分析与可视化工具，以机器学习为主要分析方法。全书以通俗易懂、图文并茂的方式，介绍了商业问题的分析逻辑、处理流程及工具方法的有效使用，帮助学生形成可以迁移的问题解决认知图式，避免课程学习变成纯粹的统计理论知识学习，或者简单数据分析工具（软件）的操作训练。

本书适合财经商贸类专业学生使用，同时也适合对商业数据分析与可视化感兴趣的企业、培训机构相关人员使用。

图书在版编目（CIP）数据

商业数据分析与可视化 / 黄志平，郑博主编 . —北京：电子工业出版社，2022.9
ISBN 978-7-121-42558-5

Ⅰ . ①商… Ⅱ . ①黄… ②郑… Ⅲ . ①商业统计－统计数据－统计分析－高等职业教育－教材
Ⅳ . ① F712.3

中国版本图书馆 CIP 数据核字（2021）第 270731 号

责任编辑：张云怡　　文字编辑：张　彬
印　　刷：三河市君旺印务有限公司
装　　订：三河市君旺印务有限公司
出版发行：电子工业出版社
　　　　　北京市海淀区万寿路 173 信箱　邮编　100036
开　　本：787×1 092　1/16　印张：10　字数：240 千字
版　　次：2022 年 9 月第 1 版
印　　次：2023 年 1 月第 2 次印刷
定　　价：39.80 元

前　言

在数字经济时代，数据已成为进行商业决策的重要依据之一。在教育部发布的《职业教育专业目录（2021 年）》的财经商贸大类中，有多个专业的名称中直接包含"大数据"，数据的重要性不言而喻。

作为一本面向职业教育的商业数据分析与可视化教材，本书涵盖了汽车、金融、生活、零售、电子商务等多个行业的案例；以 Python 为数据分析与可视化工具；将描述性统计、对比分析等基本分析方法与机器学习等分析方法相结合，作为分析手段；在内容设计上充分考虑职业学校学生的特点，以应用为主，为职业教育在数据分析相关课程上的升级和数字化改造助力。

本书特色

（1）案例驱动、教训结合

本书以案例为驱动，在将知识点融入案例分析的过程中，实现学中做、做中学。学习过程符合实际的数据分析情境，并且突出了职业教育中"教—训"结合的特征，让学习者在掌握商业数据分析技能的同时，形成数据驱动业务的意识。

（2）深入浅出、图文并茂

本书以商业案例的业务需求为背景，引出回归分析、时间序列、机器学习等分析方法，通过图片和线上动画资源，将复杂的数学理论和抽象的概念，形象地表达出来，降低学习者对分析方法的理解难度。

本书主要内容

第 1 章：介绍了回归分析、绘制散点图的理论知识，以及它们在二手车估价中的应用。

第 2 章：介绍了时间序列分析、三次指数平滑模型、绘制折线图的理论知识，以及它们在季节性库存预测中的应用。

第 3 章：介绍了 K 最近邻算法、绘制柱状图的理论知识，以及它们在咖啡豆品种分类中的应用。

第 4 章：介绍了决策树、数据可视化的理论知识，以及它们在用户流失预警中的应用。

第 5 章：介绍了 K 均值聚类、直方图和雷达图的理论知识，以及它们在客户管理中的应用。

第 6 章：介绍了 DBSCAN 密度聚类的理论知识，以及其在小贷公司风险识别中的应用。

第 7 章：介绍了关联分析、Apriori 算法的理论知识，以及它们在商品销售关联分析中的应用。

第 8 章：介绍了文本分词、词频统计、词云绘制、LDA 主题模型的理论知识，以及它们在商品评价分析中的应用。

本书电子资源

本书配备了丰富的电子资源，内容为相关知识链接和书中案例的相关资源。知识链接部分可扫描书中二维码获取；案例的相关资源部分可登录华信教育资源网（www.hxedu.com.cn）免费注册后下载。

本书部分数据为 Python 导出数据，故小数点后位数不一致；如要求运行结果图中的数值 0 在坐标原点，请另行设置坐标轴；为避免输入程序代码时频繁切换大小写，全书代码变量统一用小写；为便于数据分析，代码中不加入单位，运行结果中也不予显示，以数据文件中的单位为准。

本书由重庆电子工程职业学院教师团队编写，其中：黄志平教授（财经管理学院院长）负责全书策划统筹，毛沥悦编写第 1 章，尹诗斯编写第 2 章，张嘉芮编写第 3 张，余建祥编写第 4 章，姚奕编写第 5 章，郑博编写第 6 章、第 7 章和第 8 章。

在本书编写过程中，要特别感谢青岛康润投资控股有限公司、重庆平安好医生经纬综合门诊有限公司的大力支持。同时，特斯拉（上海）有限公司的吴乙、马上消费金融股份有限公司的兰锦池和王山林、深圳萨米国际医疗中心（深圳市第四人民医院）的罗莉娅等人也提供了非常有价值的修改意见，在此深表感谢。

由于编者水平有限，书中难免有疏漏之处，恳请广大读者提出宝贵意见。

编　者
2021 年 11 月于重庆

目　录

第1章
二手车估价：线性回归

学习目标

素质目标：培养数据化思维意识，文字组织能够条理清晰、表达流畅。

知识目标：理解回归分析思想，熟悉多元线性模型分析方法。

技能目标：运用多元线性回归方法针对生活中的现象构建回归模型，并实现数据的预测。

导入：随着人民生活质量的提高，人们对住房质量、住房环境、小区配套服务等的要求也在不断提升，从而房价也就有了区别。房屋结构、楼层、户型、朝向、开发商资质、小区绿化、物业服务等都会影响到房价。在对二手房进行估价时，需要结合现有交易数据，如周围住户的收入、房屋使用年限、周围商品房数量、商品房的户型、常住人口数、入住率、房屋的位置等特点对二手房进行估价，即"去粗取精，去伪存真；由此及彼，由表及里"。

1.1 前测

前置知识要求：具备基础的描述性统计分析知识；能够使用 Python 绘制基本图形（附录 A 提供了 Matplotlib 数据可视化的学习资料）。本测试要求在 15 分钟内完成，并完成下页的学情分析单。

问题 1：对下表数据进行描述性统计。（描述性统计分析，10 分）

序　号	X	Y	序　号	X	Y
1	0.1	42	5	0.14	45
2	0.11	43.5	6	0.15	47.5
3	0.12	45	7	0.16	49
4	0.13	45.5	8	0.17	53

序　号	X	Y	序　号	X	Y
9	0.18	50	11	0.21	55
10	0.2	55	12	0.23	60

问题 2：对上表数据绘制散点图，其中颜色为蓝色，并设置横纵坐标为 X、Y。（能够使用 Python 绘制基本图形：散点图，10 分）

问题 3：采用吴峰等编制的在线学习动机量表测量学习动机，采用大卫•库伯（David Kolb）的经验学习模型及学习风格量表测量学习风格与特征。（10 分）

学情分析单

前置知识：						5	4	3	2	1
前置技能（经验）：						5	4	3	2	1
学习动机：□认知兴趣 □职业发展 □人际关系 □摆脱常规 □外界影响 □社会服务										
学习风格与特征：□具体经验　□抽象概括　□反思观察　□积极实践										

注：后续章节不再列举学习动机和学习风格与特征，可参考上表。

1.2　概念理解

◎ 回归分析

回归分析是研究一个因变量与一个或多个自变量之间相互依赖关系的一种统计分析方法。通常，回归分析可以描述自变量与因变量之间的关系，也可以通过自变量来预测因变量。例如，餐厅可以根据每天的营业数据（包括菜谱价格、就餐人数、预订人数、特价菜折扣等）预测就餐规模或营业额；网站可以根据访问的历史数据（包括新用户的注册量、老用户的活跃度、网页内容的更新频率等）预测用户的支付转化率。

◎ 训练集和测试集

从数据中学得模型的过程称为"学习"或"训练"，这个过程通过执行某个学习算法来完成。如果将全部数据都用在模型训练中，就会无法评估模型的效果。

因此，为了评估模型，一般通过随机抽样将数据集分为训练集和测试集，它们的大小没有固定的比例，比如 9：1 或 8：2。其中用来训练模型的数据集称为训练集，而用来测试和评估训练出来的模型好坏的数据集则称为测试集。训练集相当于上课学知识，测试集相当于考试，用来评估学习效果。

◎ 特征变量和目标变量

下页第 1 个表中，一共有 3 行 3 列数据，通常将行称为样本或实例，将列称为特征或属性，特征其实就是每个样本的特点。如果想通过每个人的身高和体重来预测其性别，那么身高和体重称为特征变量，性别称为目标变量。

体重（kg）	身高（cm）	性　　别
73	175	男
54	165	女
62	173	男

1.3　任务单

　　以前，如果有人要出售二手车，要么需要将车带到各自公司的车间，要么需要预约公司来估算价格，此过程涉及大量时间和资源。本案例的目标是为第三方公司建立一个模型，该模型将直接通过其在线门户网站估算客户的汽车价格。这将节省客户时间，并且帮助公司降低成本，简化二手车的销售流程。

先估价再卖车，心里倍儿有底

卖车地点	请选择城市
车型	品牌　车系　车型
上牌时间	年份　月份
行驶里程	请输入里程　万千米
接收手机	请输入您的手机号码

开始估价

　　下表是收集到的某款车型的部分二手车数据。

二手车 ID	年　　份	里程数（km）	税费（元）	mpg	排量（L）	价格（元）
1	2018	9083	900	57.7	1	84000
2	2017	12456	900	57.7	1	78000
3	2018	48141	870	61.4	1	60000
4	2017	13063	870	41.5	2	110994
5	2019	8400	870	60.1	1	113940

　　表中的数据字段说明如下。

　　二手车 ID：汽车编号。

　　年份：汽车生产年份。

　　里程数：已行驶的里程数。

　　税费：税费。

　　mpg：1 加仑汽油能行驶的英里数。

　　排量：汽车排量，指每行程或每循环吸入 / 排出的流体体积，描述发动机的大小。

价格：二手车市场价格。

具体任务如下。

任务 1：分析二手车价格与汽车的其他特征数据之间的关系。

任务 2：预估下表中 5 辆车的二手车价格。

二手车 ID	年 份	里程数（km）	税费（元）	mpg	排量（L）
2539	2018	30953	870	50.4	1.6
2540	2018	16128	870	57.7	1
2541	2017	10960	870	41.5	2
2542	2017	17339	870	60.1	1
2543	2016	19834	1200	41.5	2

1.4 知识与技能学习

- 线性回归模型。
- 回归模型的 Python 实现。

1 业务需求理解

本案例需要分析二手车价格与汽车其他特征数据之间的关系。相关变量之间常有如下关系：

$$y = f(x) + \varepsilon$$

其中，y 被称为因变量、被解释变量、响应变量；x 被称为自变量、解释变量、控制变量；ε 被称为（随机）误差项、（随机）扰动项。

对于这类关系，常用回归分析进行处理。下面以一元线性回归模型为例来介绍这类关系。

（1）一元线性回归模型

以一元线性回归模型为例，来探索变量之间的数量关系。比如，大豆收成与施肥量有如下散点图关系。

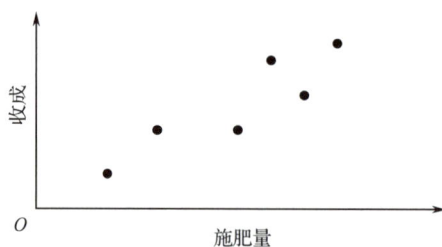

可以看到：随着施肥量的增加，大豆的收成也在增加，说明大豆收成受到了施肥量的影响。从图形上来看，图中的散点大致呈现直线的形式，对此可以考虑用一根贯穿散点的直线来衡量收成与施肥量之间的关系，如下页第 1 个图所示。

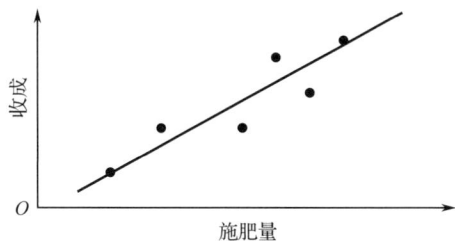

但是贯穿散点之间的直线有很多，那么如何选择一根最合适的直线呢？再看下图。

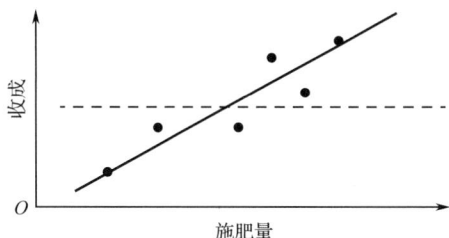

可以看到：现在有实线和虚线两条直线贯穿了散点，显然实线更能表示收成与施肥量之间的关系。这是因为从整体来说，散点离实线更近，离虚线更远。对此，可以选择所有散点到直线的距离之和最短的直线，来作为衡量收成与施肥量之间关系的直线。这就是一元线性回归模型的思想。

根据上面的思想，假如，有大豆收成与施肥量之间最佳的直线关系如下：

$$收成 = \beta_0 + \beta_1 施肥量$$

那么，基于大豆收成和施肥量关系的一元线性回归模型如下：

$$收成 = \beta_0 + \beta_1 施肥量 + \varepsilon$$

其中，β_1 表示在其他因素不变的情况下，施肥量对大豆收成的影响。"收成 = $\beta_0 + \beta_1$施肥量"表示了模型拟合的最佳直线；ε 表示其他可能影响大豆收成的因素，如土地质量、降水量等。

那么，通过一元线性回归模型，就可以知道当施肥量为某一值时，其对应的大豆收成是多少。

一般地，一元线性回归模型的方程如下：

$$y = f(x) = \beta_0 + \beta_1 x + \varepsilon$$

通过求解 β_0 和 β_1 可以获得一元线性回归方程，从而量化变量之间的关系。

（2）多元线性回归模型

在实际问题中，一种现象常常是与多个因素相联系的，因此用多个自变量的最优组合来预测或估计因变量比只用一个自变量来预测或估计更有效果，更符合实际。社会经济现象的变化往往受到多个因素的影响，这就使得在生活中常常要进行多元回归分析。

通常，把包括两个或两个以上自变量的回归称为多元线性回归模型，其表现形式如下：

$$y = \beta_0 + \beta_1 x_1 + \beta_2 x_2 + \beta_3 x_3 + \cdots + \beta_n x_n + \varepsilon$$

其中，$x_1, \cdots, x_n$ 是 n 个自变量；y 是对应的因变量；$\beta_0, \cdots, \beta_n$ 是 $n+1$ 个回归系数，β_0

称为常数项或截距项；ε是随机误差项。多元线性回归的基本原理和基本计算过程与一元线性回归是相同的。

本案例需要分析二手车价格与汽车其他特征数据之间的关系，这就可以考虑使用多元线性回归模型来建立它们之间的关系。建立模型后，将任务单中任务2的汽车特征数据代入模型中，就可以得到相应的二手车价格预估值。

> ▶ ◎归分析——高尔顿生物遗传现象
>
> 高个子的人生的子女一般偏高，按照这个趋势，各代人在身高分布上将出现两极分化的情况，个子很高和很矮的人会越来越多，而处在中间身高的人会越来越少。但现实情况却是各代人的身高分布基本保持稳定。如何解释这一现象呢？
>
> 英国生物学家高尔顿为了研究这一生物学遗传现象，收集了1074对夫妇及其成年子女的身高资料。他发现，父母的个子比平均身高高，他们的子女也倾向于比平均身高高，但不如父母那么高；父母的个子比平均身高矮，他们的子女也倾向于比平均身高矮，但不如父母那么矮。下一代的身高有向着平均身高回归的趋势，这就解释了各代人身高分布能保持稳定的原因。最早的回归分析由高尔顿提出，尽管这个词语表面和预测没有任何关系，但这种研究方法仍被称为回归。

（3）回归模型评估

根据回归模型得到二手车价格与汽车其他特征数据之间的关系是准确的吗？

以下图为例，可以看到模型拟合出来的值与真实值之间是有误差的。误差越大，模型越无效。那么如何评价模型的"好坏"呢？

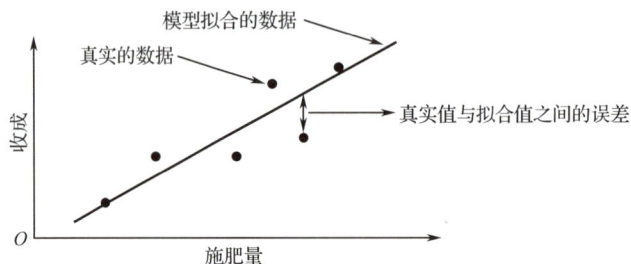

这里给出3个评价指标来进行模型评估。

① 平均绝对误差（Mean Absolute Error，MAE）

平均绝对误差是所有单个观测值与算术平均值的偏差的绝对值的平均。平均绝对误差越小，回归模型拟合的效果就越好。

② 均方误差（Mean Squared Error，MSE）

均方误差是观测值与预测值之间差的平方之和的平均值，也就是误差平方和的平均数。它衡量了预测值与真实值之间的差异，均方误差越小，回归模型拟合的效果就越好。

③ 决定系数（拟合优度 R^2）

其取值范围为[0,1]，决定系数 R^2 越接近1，表示回归方程对观测值的拟合程度越好。由于观测值数据的大小会影响残差的大小，不利于均方误差在不同模型之间进行比较，

则可使用 R^2 解决这一问题。例如，一个模型中的观测值为 500,600,$\cdots$，另一个模型中的观测值为 5,6,$\cdots$，这两个模型中第一个模型的均方误差可能会比较大，而第二个模型的均方误差会很小，但这不能说明第一个模型就比第二个模型差。

（4）欠拟合和过拟合

任务单中的任务 2 要求基于新的汽车特征数据，预测对应的二手车价格。如果模型拟合效果好，那么预测出来的价格就一定是符合市场真实情况的吗？

先来看下面一组不同拟合效果的图。

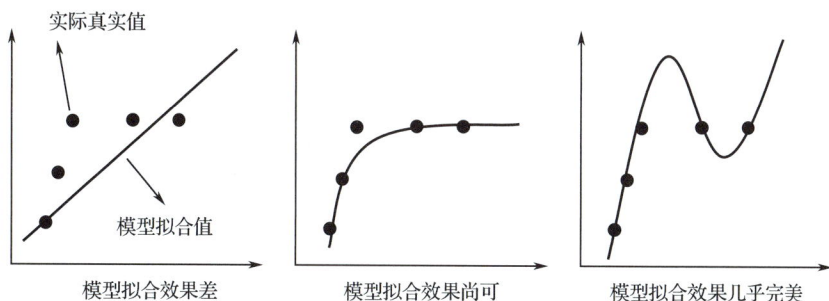

左图彩色版

继续在图中新增一个数据就会出现欠拟合和过拟合的情况，如下图所示。

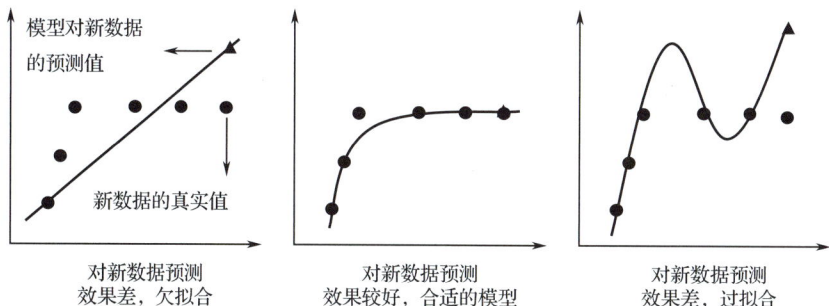

左图彩色版

欠拟合：模型拟合效果差，预测效果差。

合适的模型：模型拟合效果和对新数据的预测效果较好。

过拟合：模型拟合效果好，但对新数据的预测效果差。

从图中可以看到：模型拟合效果好，并不意味着模型对新的数据也有好的预测效果，因此可以将原始数据集分割为训练集和测试集，进一步来评估模型对新数据的预测效果。

▶ 欠拟合和过拟合示例（见下图）

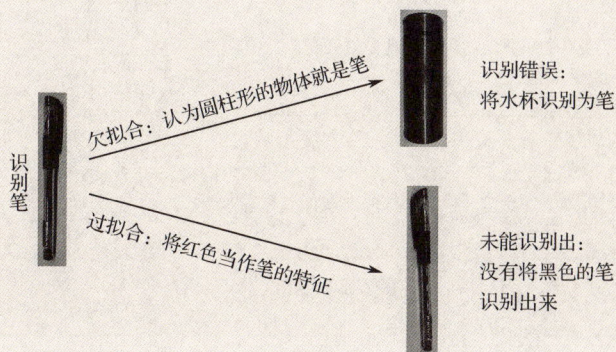

（5）训练集和测试集

全部数据集中，应将多少数据作为训练集，又将多少数据作为测试集（见下图）？对于这个问题没有明确的答案。通常取决于数据集的大小，如果数据包含 1000 万个样本，那么将 1% 的数据作为测试集，就有 10 万个样本，这就已经足够了。但是如果数据只包含 1 万个样本，那么将 1% 的数据作为测试集，就只有 100 个样本，稍显不足，这时就需要用更高比例的数据作为测试集。

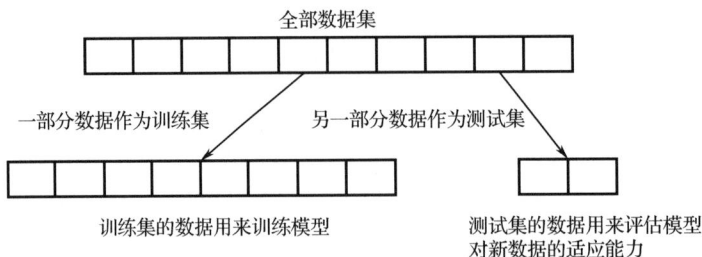

（6）分析流程小结

● 读取数据。

● 数据描述性统计分析，了解数据概况。

● 制作二手车价格与汽车其他特征数据间的散点图，观察其线性关系。

● 将数据集划分为训练集和测试集。

● 构建回归模型，并用训练集来训练模型。

● 用测试集数据评估模型。

● 若模型评估合理，则将回归方程作为二手车价格与汽车其他特征数据间的数量关系。

● 根据回归模型预测评估二手车价格。

（7）Jupyter Notebook 环境配置

本书将采用 Jupyter Notebook 软件来编写 Python 代码，可通过安装 Anaconda 软件来打开 Jupyter Notebook。

① 安装 Anaconda

首先，登录 Anaconda 官网下载程序。在打开的网页中找到下图所示界面，然后根据计算机配置选择相应安装程序的链接进行下载和安装。

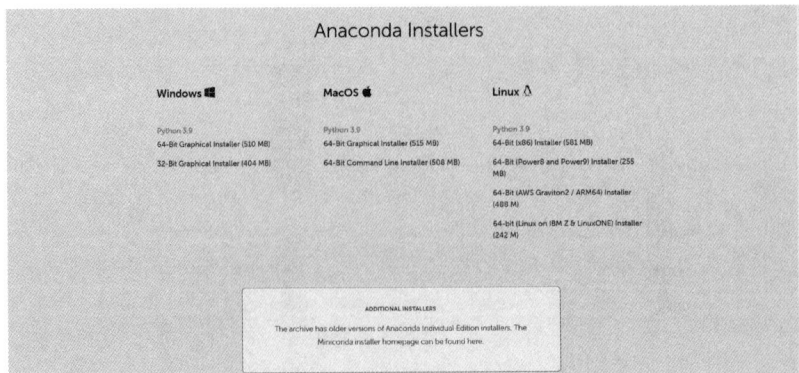

② 打开 Jupyter Notebook

Anaconda 安装完成后直接打开，打开后的界面如下图所示。

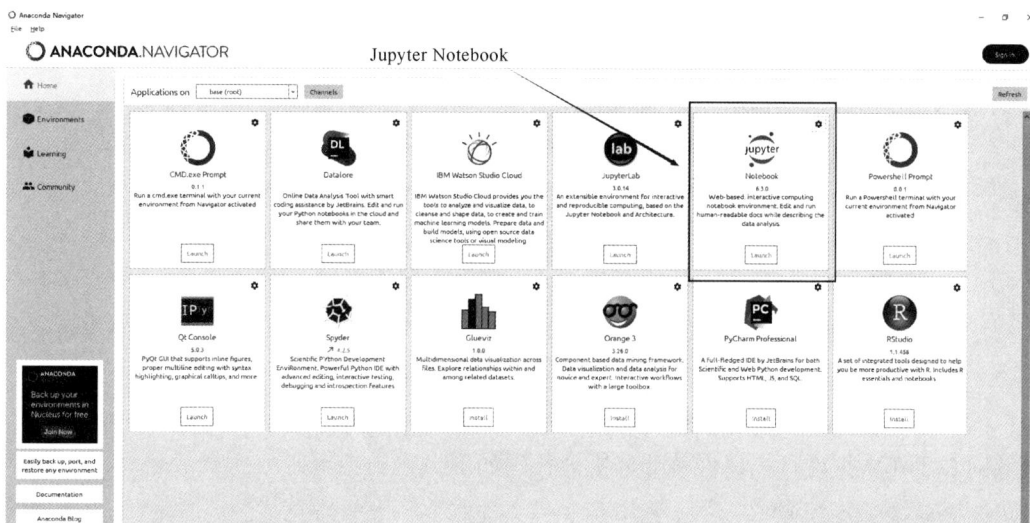

单击 Jupyter Notebook 图标，打开如下图所示的界面。建议选择数据文件所在的工作路径，以便打开数据。

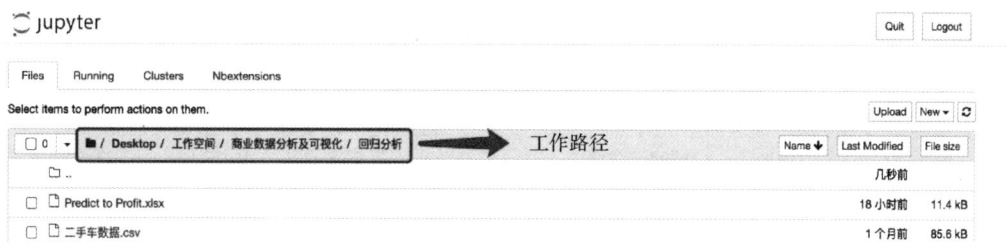

在界面右上角的 New 列表中选择 Python3 来创建 Jupyter 文件，操作位置如下图所示。

创建好 Jupyter 文件后就可以在 Jupyter Notebook 中实现上面的案例分析。

2　数据采集与预处理

（1）读取数据

二手车数据来源于公司数据库，使用 Python 语言将 csv 格式的数据导入 Jupyter Notebook 软件中，并展示部分数据，如下页图所示。

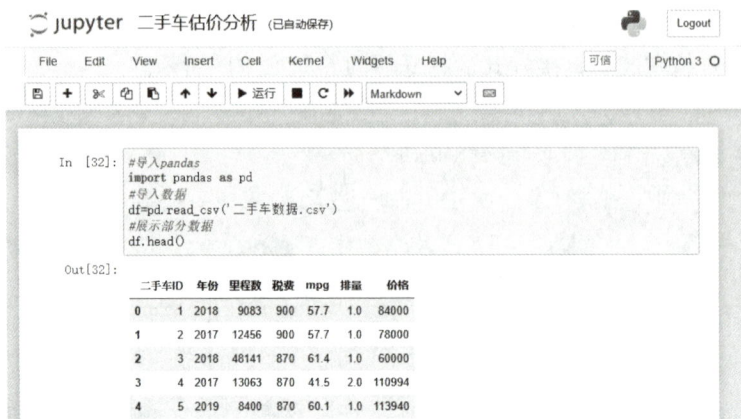

```
In [32]:  #导入pandas
          import pandas as pd
          #导入数据
          df=pd.read_csv('二手车数据.csv')
          #展示部分数据
          df.head()
```

Out[32]:

	二手车ID	年份	里程数	税费	mpg	排量	价格
0	1	2018	9083	900	57.7	1.0	84000
1	2	2017	12456	900	57.7	1.0	78000
2	3	2018	48141	870	61.4	1.0	60000
3	4	2017	13063	870	41.5	2.0	110994
4	5	2019	8400	870	60.1	1.0	113940

为了查看数据的基本情况，接下来将进行描述性统计分析。

（2）数据描述性统计分析

对二手车数据进行描述性统计分析。代码如下：

```
# 描述性统计分析，"二手车 ID"字段不是汽车的特征，故不进行分析
1  df.loc[:,' 年份 ':].describe()
```

运行结果如下表所示。

	年　　份	里程数（km）	税费（元）	mpg	排量（L）	价格（元）
count（计数）	2538.000000	2538.000000	2538.000000	2538.000000	2538.000000	2538.000000
mean（均值）	2017.259259	19690.464933	758.274232	55.694405	1.191411	80799.408983
std（标准差）	2.058985	17940.979901	314.779575	7.082886	0.377998	23805.549205
min（最小值）	2003.000000	5.000000	120.000000	31.000000	0.000000	2970.000000
25%	2017.000000	8666.500000	870.000000	51.400000	1.000000	65394.000000
50%	2018.000000	14443.500000	870.000000	60.100000	1.000000	80988.000000
75%	2019.000000	23512.000000	870.000000	60.100000	1.000000	100792.500000
max（最大值）	2020.000000	177644.000000	1950.000000	67.300000	2.000000	155988.000000

结果给出了各字段的样本数、均值、标准差、最小值、分位数和最大值。可以看到：排量数据中的最小值为 0，但是汽车肯定是有排量的，所以 0 是一个异常值或是由于数据缺失导致的。对此，需进一步统计排量为 0 的样本量。

（3）数据预处理

对排量数据为 0 的样本数量进行统计。代码如下：

```
# 统计排量数据为 0 的样本量
1  len(df[df[' 排量 ']==0])
```

运行结果如下：

8

运行结果为 8 意味着有 8 行数据的排量为 0，数据量不大，所以可以直接删除这些数据。代码如下：

```
   # 删除排量数据为 0 的样本数据
1  df=df[df[' 排量 ']!=0]
```

值得注意的是，只有当二手车价格与汽车其他特征数据之间具有一定的相关性时，对数据进行回归分析才有意义。下面首先利用散点图辅助进行相关性分析。

（4）价格与汽车特征数据之间的散点图分析

通过分别绘制二手车价格与年份、里程数之间的散点图，来观察它们之间是否有相关性。

针对年份与价格制作散点图。代码如下：

```
1  import matplotlib.pyplot as plt
   # 设置中文字符，Mac 系统设置为 plt.rcParams['font.family'] ='Arial Unicode MS'
2  plt.rcParams['font.family'] = 'SimHei'
   # 绘制年份与价格的散点图
3  df.plot(x=' 年份 ',y=' 价格 ',kind='scatter')
   # 设置横坐标刻度
4  plt.xticks(range(2002,2021,3))
   # 显示图形（后续代码省略此行，结果中的多余文字行不予显示，只显示图形）
5  plt.show()
```

运行结果如下图所示。

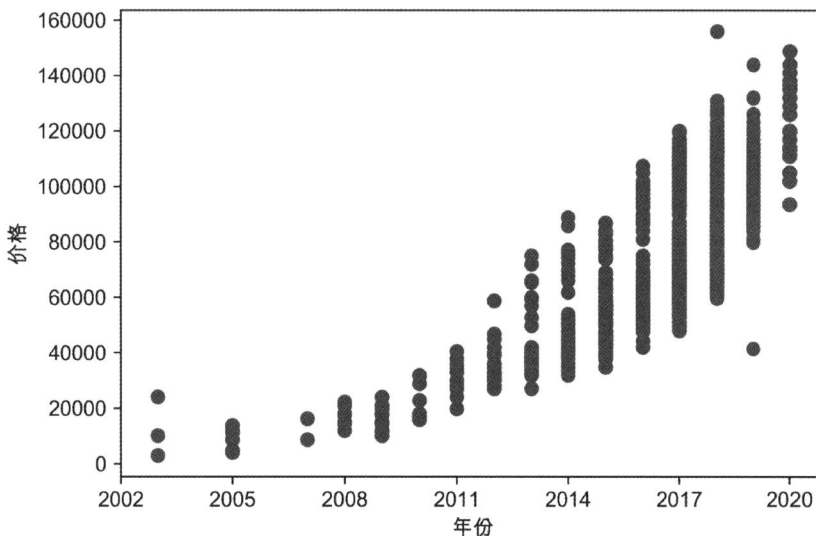

从散点图可以看出，汽车生产年份越近，价格越高。这与人们通常的认知也是一致的，即越新的车，其二手价格越高。为了便于直接观察，可以针对里程数与价格制作散点图。代码如下：

```
   # 绘制里程数与价格的散点图
1  df.plot(' 里程数 ',' 价格 ',kind='scatter')
```

运行结果如下页图所示。

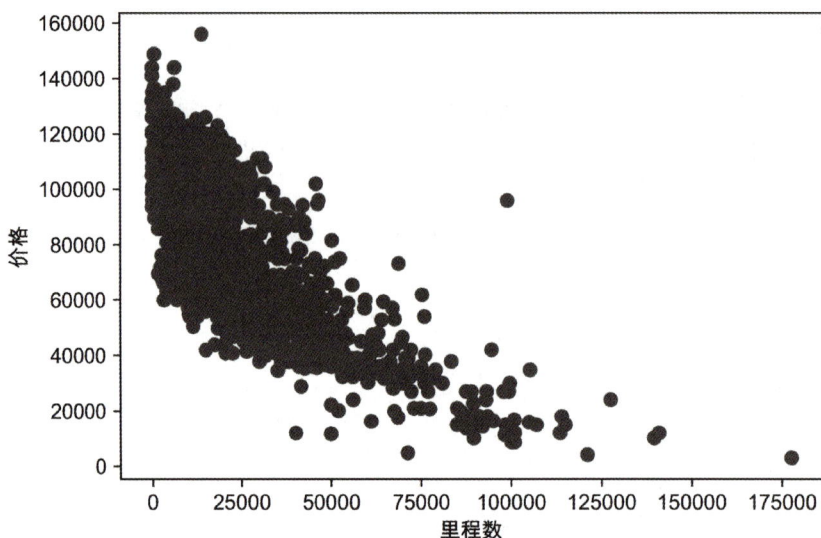

从散点图可以看出，汽车已行驶的里程数越多，其二手价格越低。这与人们通常的认知也是一致的，即汽车使用越多，其二手价格越低。

（5）划分数据集为训练集和测试集

在建立回归模型之前，首先将数据集划分为训练集和测试集，以便进行模型评估。

在 Python 中，可以通过 sklearn.model_selection 模块中的 train_test_split 函数来划分训练集和测试集，也可以人为地切片划分。train_test_split 函数的调用格式如下：

```
x_train, x_test, y_train, y_test = train_test_split(x,y,test_size=None,train_size=None, random_state=None,…)
```

train_test_split 函数的常用参数及说明如下表所示。

参　　数	说　　明
x	所要划分样本的特征变量
y	所要划分样本的目标变量（分类类别）
test_size	测试集的大小，可以为小数、整数或空（None），默认为 None ● 为小数时，表示测试集占总样本的百分比 ● 为整数时，表示测试集的样本数 ● 为 None 时，test_size 会自动设置成 0.25
train_size	训练集的大小，可以为小数、整数或空（None），默认为 None ● 为小数时，表示训练集占总样本的百分比 ● 为整数时，表示训练集的样本数 ● 为 None 时，test_size 会自动设置成 0.75
random_state	随机数种子

train_test_split 函数返回 x_train, x_test, y_train, y_test 4 个变量，其含义如下表所示。

变　　量	说　　明
x_train	训练集的特征变量
x_test	测试集的特征变量
y_train	训练集的目标变量
y_test	测试集的目标变量

▶ **随机数种子**

　　随机数种子，就是该组随机数的编号，在需要重复试验的时候，可以保证得到一组一样的随机数。比如在划分训练集和测试集时，将随机数种子设置为1，在其他参数一样的情况下，每次划分得到的训练集和测试集都是一样的，但如果不填，每次划分出来的训练集和测试集就是不一样的。

　　关于 train_test_split 函数的具体使用过程，后面将结合案例来讲解。在此，首先将数据集按照 9∶1 的比例划分为训练集和测试集。代码如下：

```
    # 提取特征变量
1   x=df.loc[:,' 年份 ':' 排量 ']
    # 提取目标变量
2   y=df.loc[:,' 价格 ']
    # 导入数据集划分的函数
3   from sklearn.model_selection import train_test_split
    # 将数据集按照 9:1 的比例划分为训练集和测试集
4   x_train,x_test,y_train,y_test=train_test_split(x,y,test_size=0.1,random_state=9)
```

3　数据建模与评估

（1）多元线性模型的建立

下面将建立回归模型，探索价格与其他特征变量数据之间的关系。

Python 中的 sklearn.linear_model 模块中有 LinearRegression 函数可以实现线性回归模型，其调用格式如下：

LinearRegression( )

LinearRegression 函数的配套使用方法如下表所示。

函　　数	格　　式	作　　用	说　　明
fit()	fit(x_train, y_train)	训练模型	x_train 是训练集的特征变量，y_train 是训练集的目标变量（分类标签）
predict()	predict(X)	模型预测	X 为要预测的样本，最后返回预测的分类
intercept_	intercept_	查看常数项	返回回归方程的常数项
coef_	coef_	查看自变量系数	返回回归方程的自变量系数
mean_absolute_error()	mean_absolute_error(y_true, y_pred)	计算平均绝对误差	返回模型的平均绝对误差，y_true 是真实值，y_pred 是预测值
mean_squared_error()	mean_squared_error(y_true, y_pred)	计算均方误差	返回模型的均方误差，y_true 是真实值，y_pred 是预测值
r2_score()	r2_score(y_true,y_pred)	计算 R^2	返回模型的 R^2 决定系数，y_true 是真实值，y_pred 是预测值

建立线性回归模型。代码如下：

```
    # 导入相关模块
1   from sklearn import linear_model
    # 建立回归模型对象
2   reg=linear_model.LinearRegression()
    # 训练模型（拟合模型）
3   reg.fit(x_train,y_train)
    # 输出回归方程常数项
4   print(reg.intercept_)
    # 输出回归方程系数
5   print(reg.coef_)
```

运行结果如下：

回归方程常数项：

−15917069.989087494

回归方程系数：

[7.97271794e+03 −3.35051633e−01 3.66926512e+00 −1.50852158e+03

2.21567540e+03]

所以，可以得到衡量二手车价格与汽车其他特征数据之间关系的回归方程如下：

二手车价格 =−15917070+7973×年份−0.3×里程数+3.7×税费−1509×mpg+21126×排量

▶ 对回归模型建立的解释

建立回归模型对象就如同写好了回归模型方程：

$$y = \beta_0 + \beta_1 x_1 + \beta_2 x_2$$

但此时还没有针对问题计算回归系数 β_0、β_1、β_2。训练模型就是将问题的数据代入回归方程，计算出回归系数 β_0、β_1、β_2 的值。假设通过训练模型，得到了具体的回归方程：

$$y = 1 + 2x_1 + 3x_2$$

后续可以基于回归方程做预测和模型评估。

（2）模型评价

下面利用测试集数据，采用平均绝对误差和 R^2 决定系数来进行模型评价。

首先，基于测试集的特征变量预测二手车的价格，预测的价格赋值给 y_pred 变量。代码如下：

```
    # 模型预测
1   y_pred=reg.predict(x_test)
```

其次，y_test 为测试集数据里的二手车真实价格，y_pred 为测试集数据里的二手车预测价格，计算平均绝对误差。代码如下：

```
    # 导入相关函数
1   from sklearn.metrics import mean_absolute_error,r2_score
    # 计算平均绝对误差
2   mean_absolute_error(y_test,y_pred)
```

運行結果如下：

6757.216239244614

平均絶対誤差表明，模型預測的二手車価格与市場的真実値之間有平均 6757 元的誤差。対于均価為 80803 元的二手車来説，这个誤差是可以接受的，説明模型的効果較好。

下面再计算 R^2 決定系数，其 Python 代码如下：

```
    # 计算 R² 決定系数
1   r2_score(y_test,y_pred)
```

運行結果如下：

0.8618156468822061

所以 R^2 約為 0.862，接近 1，表明模型対観測値的拟合程度較好。

下面绘制测试集中二手車価格的真実値与模型預測値的残差図，便于直观地查看模型的拟合効果。代码如下：

```
    # 计算残差
1   error=y_test-y_pred
    # 绘制残差図
2   plt.scatter(range(len(error)),error,color='black')
    # 添加横纵坐标
3   plt.xlabel (' 二手車样本 ')
4   plt.ylabel (' 残差 ')
```

運行結果如下図所示。

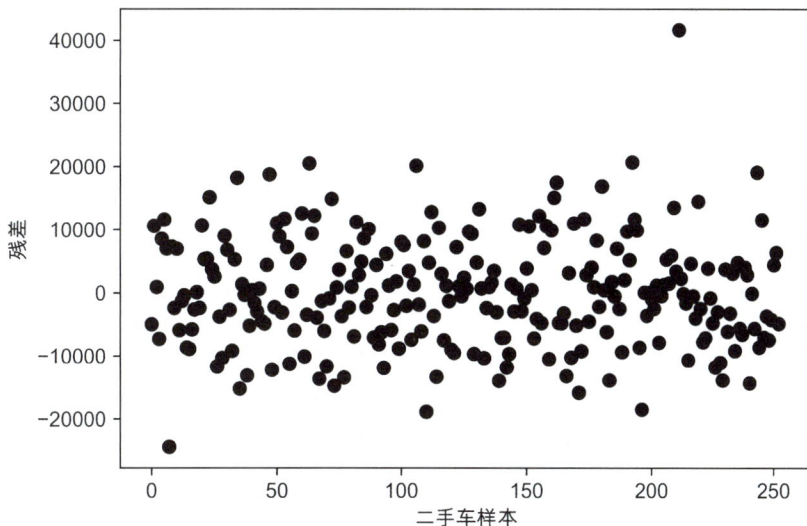

从図中可以看出：二手車真実価格与模型預測価格的誤差集中在 [–20000,20000] 范圍内，在 0 値附近波動。

（3）模型預測

下面基于回归方程，預測二手車価格。代码如下：

```
    # 创建預測数据
1   new_data=pd.DataFrame({' 年份 ':[2018,2018,2017,2017,2016],
```

```
                    ' 里程数 ':[30953,16128,10960,17339,19834],
                    ' 税费 ':[870,870,870,870,1200],
                    ' mpg':[50.4,57.7,41.5,60.1,41.5],
                    ' 排量 ':[1.6,1,2,1,2]})
        # 模型预测
    2   reg.predict(new_data)
```

运行结果如下：

array([92211.82016906, 84837.34784308, 105249.90175147, 72838.43057814,

　　　95514.7931079])

整理上述结果可得到如下表所示的预测结果。

二手车 ID	二手车预估价格（元）
2539	92212
2540	84837
2541	105250
2542	72838
2543	95515

　　根据预测数据，可以实现基于二手车其他特征数据对二手车的价格进行快速估算，节省客户的时间和公司的成本。

4　编写分析报告

二手车估价分析

　　● 分析目的：分析某款车型的二手车价格与汽车的生产年份、里程数、税费、mpg 和排量之间的关系，并对二手车进行估价。

　　● 数据来源：公司数据库中的历史数据，共有 2538 条数据。

一、二手车数据的基本情况（见下表）

	年　　份	里程数（km）	税费（元）	mpg	排量（L）	价格（元）
count	2538	2538	2538	2538	2538	2538
mean	2017	19690	758	56	1.19	80799
std	2.06	17941	315	7	0.37	23806
min	2003	5	120	31	0	2970
25%	2017	8667	870	51	1	65394
50%	2018	14444	870	60	1	80988
75%	2019	23512	870	60	1	100793
max	2020	177644	1950	67	2	155988

　　分析使用了 2003 年到 2020 年的 2538 条数据，大部分二手车为 2017 年左右生产的，平均已行驶里程数为 19690km，平均税费为 758 元，二手车的排量大多集中在 1L，二手车均价为 80799 元。

二、二手车价格与生成年份的关系（见下图）

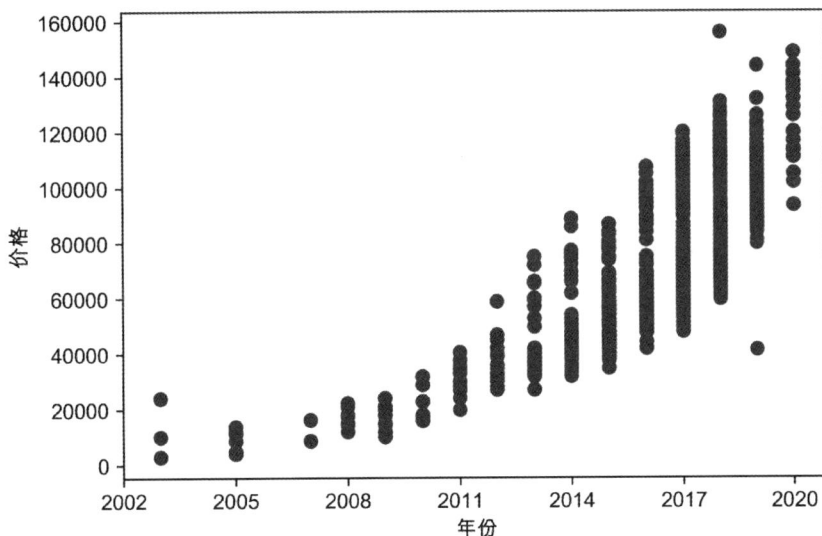

从上面的散点图可以看出，汽车生产年份离当前越近，二手车价格越高。

三、二手车价格与里程数的关系（见下图）

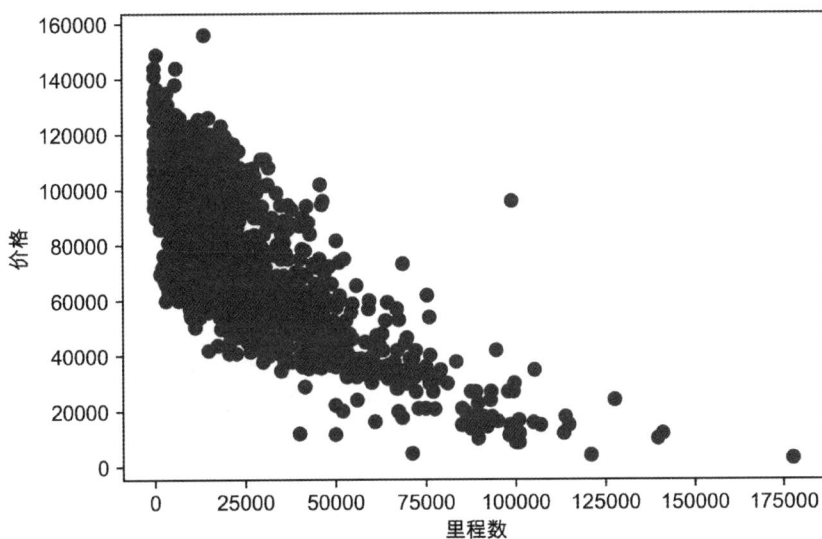

从上面的散点图可以看出，汽车已行驶的里程数越多，二手车价格越低。

四、二手车估价回归模型

二手车价格 $=-15917070+7973\times$ 年份 $-0.3\times$ 里程数 $+3.7\times$ 税费 $-1509\times$ mpg $+21126\times$ 排量

基于上述建立的二手车估价回归模型，二手车价格预估的平均误差为 6757 元，占二手车平均价格的 1.3%，模型效果较好。

五、二手车价格的预测（见下表）

二手车ID	年　　份	里程数（km）	税费（元）	mpg	排量（L）	二手车估价（元）
2539	2018	30953	870	50.4	1.6	92212
2540	2018	16128	870	57.7	1	84837
2541	2017	10960	870	41.5	2	105250
2542	2017	17339	870	60.1	1	72838
2543	2016	19834	1200	41.5	2	95515

　　基于二手车估价回归模型，可以实现对二手车进行估价，节省了客户的时间和公司的成本。

展示与分享

　　分组完成任务后，每组派代表上台讲解完成情况，分享得失和经验教训，其余组给出评价，教师综合点评。

1.5　实践应用

　　某公司为了评估运营状况，需要根据产品研发、管理、营销等相关因素，分析产品的利润情况，进而辅助将来的经营决策。

　　为了实现销售利润分析，现从公司数据库中提取产品研发支出、管理费用、营销成本、销售利润等相关数据，并导出数据至 Predict to Profit.csv 文件中，该数据集示例如下表所示。

RD_spend	administration	marketing_spend	profit
165349.2	136897.8	471784.1	192261.83
162597.7	151377.59	443898.53	191792.06
153441.51	101145.55	407934.54	191050.39
144372.41	118671.85	383199.62	182901.99
142107.34	91391.77	366168.42	166187.94

表中的数据字段说明如下。

RD_spend：产品的研发支出。

administration：产品的管理费用。

marketing_spend：产品的营销成本。

profit：产品的销售利润。

具体实践内容如下。

实践 1：对数据进行初步地描述性统计分析。

实践 2：分析销售利润与研发支出、管理费用、营销成本之间的关系，并预测当研发支出、管理费用、营销成本如下表所示时，产品的销售利润为多少。

（参考 1.4 节的知识点：回归模型的建立与预测）

RD_spend	administration	marketing_spend
1315.46	115816.21	297114.46

1.6　后测

注意：要求在 60 分钟内完成，并完成下页的学习报告单。

问题 1：如果要对下表所示的数据构建多元线性回归模型，请说出操作的流程。（对应知识目标：熟悉多元线性回归分析的操作流程，10 分）

序　号	Y	X_1	X_2	序　号	Y	X_1	X_2
1	120	76	50	8	125	79	50
2	141	91.5	20	9	132	85	40
3	124	85.5	20	10	123	76.5	55
4	126	82.5	30	11	132	82	40
5	117	79	30	12	155	95	40
6	125	80.5	50	13	147	92.5	20
7	123	74.5	60				

问题 2：对问题 1 中的数据，建立 Y 与 X_1 和 X_2 之间的线性回归模型，并预测当 $X_1=3$，$X_2=50$ 时，Y 的值。（对应技能目标：掌握多元线性回归模型的建立，并能使用软件实现回归分析，50 分）

问题 3：采用约翰·M. 凯勒（John M. Keller）的 ARCS 模型 [A 表示注意（Attention），R 表示关联（Relevance），C 表示信心（Confidence），S 表示满意（Satisfaction）] 测量

课程学习的效能感。（ARCS 模型，10 分）

学习报告单

学习目标完成度（5 分制）： □素质目标： □知识目标： □技能目标：
前测成绩：　　　　　　　　　　　　　　　　　　　　（排名　/　） □问题 1： □问题 2： □问题 3：
后测成绩：　　　　　　　　　　　　　　　　　　　　（排名　/　） □问题 1： □问题 2： □问题 3：
任务完成情况（5 分制）： □知识理解： □团队协作： □结果呈现： □表现分享：

注：这里的 5 分制表示其下面的每个项目满分为 5 分。

1.7　拓展学习

推荐资源

有监督学习与无监督学习

学习是一个举一反三的过程。例如，在学生时代经常参加的考试，其中的题目在上考场前未必做过，但是在考试之前通过做题已经学会了解题方法，因此，在考场上面对陌生的题目也可以解答出来。

机器学习的思路：可以利用一些训练数据（做过的题），通过这些数据（解题方法）使机器能够分析出未知的数据（考场的题目），就像考试前预测考试会考什么一样。机器学习的目标是使学得的模型能很好地适用于新的数据，而不仅仅是在训练数据方面做得好。

根据训练数据是否有标记信息，学习任务大致可划分为两类：有监督学习与无监督学习。

1. 有监督学习（代表模型：回归模型和分类模型）

有监督学习是指根据已有的数据集，知道输入和输出之间的关系。根据这种已知的关系进行训练，得到一个最优的模型。也就是说，在有监督学习中训练数据既有特征又有标签，通过训练，可以让机器自己找到特征和标签之间的联系，在面对只有特征而没有标签的数据时，可以判断出标签。

2. 无监督学习（代表模型：聚类模型）

无监督学习是指不知道数据集中、特征之间的关系，要根据聚类或一定的模型得到数据之间的关系。可以说，比起有监督学习，无监督学习更像自学，让机器学会自己做事情，是没有标签的。

用上面解释机器学习时用到的例子，可以更好地理解二者的区别。

对于平时的考试来说，有监督学习相当于做了很多题目，也知道标准答案，所以在学习的过程中，可以通过对照答案来分析问题，找出方法，下一次在面对没有答案的题目时，往往也可以正确解答。

而无监督学习中，不知道答案，也不知道自己做得对不对，但是在做题的过程中，就算不知道答案，还是可以大致将语文、数学、英语这些题目分开，因为这些题目具有一定的内在联系。

1.8 回顾与反思

> 💡提示：每个知识点与技能点学习完成后，边回忆边写学习笔记，将所学知识、技能、个人感想及可分享资源记录下来，再将整个"知识与技能学习"模块的逻辑关系绘制成思维导图。

第2章

季节性库存预测：
时间序列分析

学习目标

素质目标：形成务实严谨的工作态度与良好的人际关系。

知识目标：理解时间序列图的要素分解，理解指数平滑。

技能目标：能够利用 Python 实现时间序列要素分解，能够应用三次指数平滑模型做预测。

导入：随机选取 12 名同学组成"时间组"，时间组的同学依照钟表 1 至 12 点位置站成一个圆圈。剩余同学组成"挑战组"，发起挑战。挑战方式为即兴指定一个时间，如"12:45"，"时间组"中对应 1、2、4、5 站位的同学听到指令后立刻蹲下。若时间展示正确则"时间组"获胜，若时间展示错误则"挑战组"获胜。

2.1 前测

前置知识要求：Python 列表表达式的运用。本测试要求在 10 分钟内完成，并完成下面的学情分析单。

问题：利用 Python 列表表达式生成 0 ~ 9 的平方，即 [0, 1, 4, 9, 16, 25, 36, 49, 64, 81]。（Python 列表表达式的运用，10 分）

学情分析单

前置知识：	5	4	3	2	1
前置技能（经验）：	5	4	3	2	1
学习动机：					
学习风格与特征：					

2.2 概念理解

◎ 时间序列

时间序列是指同一现象按时间先后顺序排列而成的数值序列。从形式上看，时间序列包含两个基本要素：一是现象所属的时间；二是现象在各个时间上的数值。下表为一个时间序列的示例。

年　份	2016	2017	2018	2019	2020
国内生产总值（万亿元）	74.6	83.2	91.9	98.7	101.6

2.3 任务单

服装公司的仓库管理员小王发现羽绒服出库量具有明显的季节性趋势，为了有效地预测未来应该持有的库存量，方便进行备货管理，小王委托公司数据分析员对该羽绒服在 2016 年至 2019 年的历史库存数据进行了分析。

下表是提取的羽绒服历史库存数据。

年　份	季　度	出库量（千件）	年　份	季　度	出库量（千件）
2016	1	4.8	2018	1	6.0
2016	2	4.1	2018	2	5.6
2016	3	6.0	2018	3	7.5
2016	4	6.5	2018	4	7.8
2017	1	5.8	2019	1	6.3
2017	2	5.2	2019	2	5.9
2017	3	6.8	2019	3	8.0
2017	4	7.4	2019	4	8.4

具体任务如下。

任务 1：绘制羽绒服库存量的时间序列图。

任务 2：对时间序列图进行要素分解。

任务 3：根据历史数据预测库存量。

2.4　知识与技能学习

- 时间序列要素分解。
- 指数平滑理论知识。
- 指数平滑模型。
- 三次指数平滑的 Python 实现。
- 时间序列要素分解的 Python 实现。

1　业务需求理解

对于季节性产品，为制定有效的库存管理方法，需要根据以往出库数据来预测未来应该合理持有的库存量。对于这类预测问题，时间序列分析是一种常用的有效工具。所以可以通过学习时间序列的相关知识和三次指数平滑算法（Holt-Winters），对原始数据进行时间序列分析处理，从历史数据中总结出数据的"规律"，实现羽绒服的库存数量预测。

（1）时间序列要素分解

时间序列是某个指标数值长期变化的数值表现，所以时间序列的数值变化背后必然蕴含着数值变换的规律性，这些规律性就是时间序列分析的切入点。通常情况下，这种规律性可总结为时间序列四要素：长期趋势（trend）、季节趋势（seasonal）、循环趋势（cyclical）和随机趋势（random），4 种要素会通过不同的组合方式影响时间序列的发展变化。

时间序列的分解可以使用加法模型（additive 模型）来表示，该模型的主要形式如下：

$$x_t = T_t + S_t + e_t$$

其中，x_t 为在 t 时刻的观测值；T_t 为在 t 时刻的趋势值；S_t 为在 t 时刻的季节（周期）效应；e_t 为在 t 时刻的无规则部分，也就是剩余项。一般而言，理想的分解模型结果中的剩余项应该为一个均值为 0 的随机参数。

下页图是对纽约市每年出生人口数量时间序列的分解。

（2）指数平滑理论知识

在时间序列中，需要基于该时间序列当前已有的数据来预测之后的走势，指数平滑模型是常见的预测模型。

指数平滑的基本思想是，预测值是历史观测值的加权和，且对不同时期的数据给予不同的权重，近期数据给较大的权重，远期数据给较小的权重。

指数平滑模型的基本公式如下：

$$S_t = \alpha \cdot y_t + (1-\alpha)S_{t-1}$$

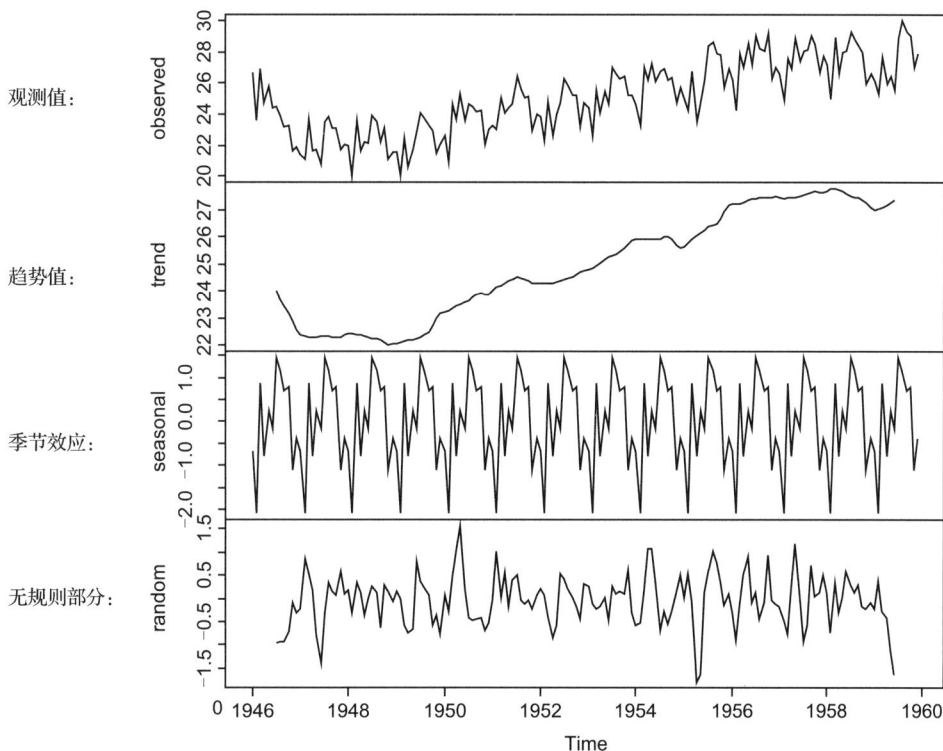

其中，S_t 为第 t 期的预测值（或指数平滑值）；y_t 为第 t 期的实际值；S_{t-1} 为第 $t-1$ 期的预测值（或指数平滑值）；α 为平滑常数，其取值范围为 $[0,1]$。

由以上公式可以看出：

① 任一期的指数平滑值都是本期实际观察值与前一期指数平滑值的加权平均，也可以理解为下一期数据的预测值与本期实际值和上一期预测值相关。

② 平滑常数越接近 1，远期实际值对本期平滑值影响程度的下降就越迅速；平滑常数越接近 0，远期实际值对本期平滑值影响程度的下降就越缓慢。因此，当时间序列相对平稳时，可取较大的 α 值；当时间序列波动较大时，可取较小的 α 值，以忽略远期实际值的影响。

指数平滑模型包括：

一次指数平滑，适用于时间序列无明显的趋势变化。

$$S_t^{(1)} = \alpha \cdot y_t + (1-\alpha)S_{t-1}^{(1)}$$

二次指数平滑，适用于具有线性趋势的时间序列。

$$S_t^{(2)} = \alpha \cdot S_t^{(1)} + (1-\alpha)S_{t-1}^{(2)}$$

三次指数平滑，适用于有趋势和季节性的非平稳时间序列。

$$S_t^{(3)} = \alpha \cdot S_t^{(2)} + (1-\alpha)S_{t-1}^{(3)}$$

其中，$S_t^{(i)}$ 为第 t 期的 i 次指数平滑值，$i=1,2,3$；$S_{t-1}^{(i)}$ 为第 $t-1$ 期的 i 次指数平滑值，$i=1,2,3$。

2 数据采集与预处理

（1）读取数据

库存数据来源于公司数据库，将 csv 格式的数据导入 Python 中。代码如下：

```
1    import pandas as pd
2    data=pd.read_csv('Stock.csv')
```

（2）数据探索

对于数据探索，可以通过绘制时间序列图，观察数据趋势、对时间序列进行要素分解，识别数据相关特性，决策出合适的预测模型。

对导入的原始数据进行数据探索，绘制时间序列图，观察数据趋势。代码如下：

```
1    import matplotlib.pyplot as plt
     # 设置中文字符
2    plt.rcParams["font.family"] = 'SimHei'
     # 设置图片大小和像素
3    plt.figure(figsize=(14,8),dpi=800)
     # 绘图
4    plt.plot(data['quarter'],data['stock'], marker='.')
     # 设置横坐标名
5    plt.xlabel(' 季度 ')
     # 设置纵坐标名
6    plt.ylabel(' 出库量 ')
```

运行结果如下图所示。

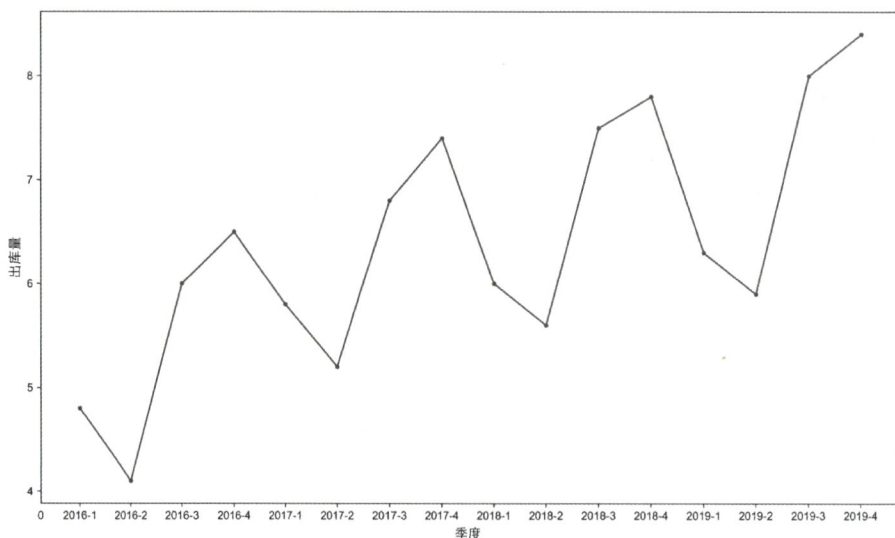

上图横坐标表示时间，从图中可以很明显地看出，曲线按月呈现类似周期性变化，且整体呈现上升趋势，因而为季节与趋势模式。

下面使用 Python 对数据进行时间要素分解，进一步理解数据，并基于分解后的数据，选择合适的时间序列分析模型。

在 Python 中，可以通过 statsmodels.tsa.seasonal 模块中的 seasonal_decompose 函数来做时间序列要素分解。其调用格式如下：

```
statsmodels.tsa.seasonal.seasonal_decompose(x,model='additive',period=None,…)
```

seasonal_decompose 函数的常用参数及说明如下表所示。

参　　数	说　　明
x	数组格式的时间序列
model	季节性分解模型。可选择 additive 模型或 multiplicative 模型
period	序列的时期。如果 x 不是 pandas 对象或 x 的索引没有频率，则必须使用；如果 x 是具有时间序列索引的 pandas 对象，则覆盖 x 的默认周期性

下面使用 Python 的 statsmodels 库中的 seasonal_decompose 函数对其进行时间要素分解。代码如下：

```
  # 时间要素分解，导入 seasonal_decompose 函数
1 from statsmodels.tsa.seasonal import seasonal_decompose
2 import numpy as np
  # 将库存量生成数组结构
3 ts=np.array(data['stock'])
  # 时间序列按季为周期进行要素分解
4 result = seasonal_decompose(ts,period=4)
  # 可视化分解结果
5 result.plot()
```

运行结果如下图所示。

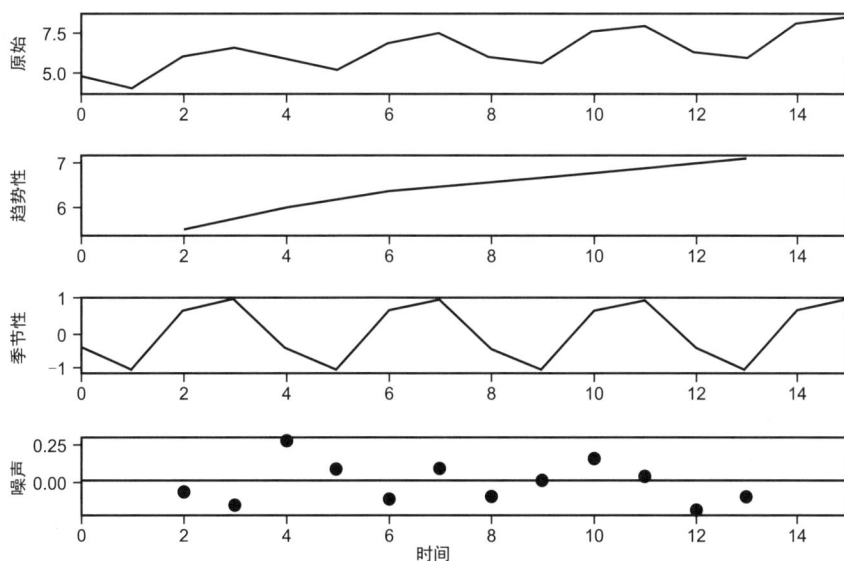

上图中的第 1 个图代表原始数据。第 2 ～ 4 个图的 3 个样本集显示了 3 个要素：第 2 个样本集代表趋势性，第 3 个样本集代表季节性，第 4 个样本集代表噪声数据。这 3 个要素累加之后即可以获得原始数据。如果考虑完整的时间范围，就会看到趋势呈现上升，且出现季节性波动。从分解结果来看，原始数据具备季节性波动，且按时间呈现一定的上升趋势，在这种情况下，可以选择三次指数平滑进行未来库存数据的预测。

3 数据建模与评估

在 Python 中，可以通过 statsmodels.tsa.holtwinters 模块中的 ExponentialSmoothing 函数来建立三次指数平滑模型。其调用格式如下：

```
statsmodels.tsa.holtwinters.ExponentialSmoothing(endog,trend=None,damped_trend=False,seasonal=None,*,seasonal_periods=None, …)
```

ExponentialSmoothing 函数的常用参数及说明如下表所示。

参　　　数	说　　　明
endog	时间序列的数据
trend	趋势分解的类型，有 add、mul、additive、multiplicative、None 几种可选项
seasonal	季节性（周期）分解的类型，有 add、mul、additive、multiplicative、None 几种可选项
seasonal_periods	季节性周期，如 4 是以季度为周期的数据，7 是以周为周期的日期数据

ExponentialSmoothing 函数的一些配套使用方法及说明如下表所示。

方　　　法	说　　　明
fit	模型拟合。其调用格式如下：ExponentialSmoothing.fit()
fittedvalues	提取模型拟合值
forecast	模型预测。样本外预测
predict	模型预测。样本内预测和样本外预测。其调用格式如下：ExponentialSmoothing.predict(params,start=None, end=None)。其中，start 为开始预测的观测值索引，end 为结束预测的观测值索引

建立三次指数平滑模型，趋势性和季节性采取加法模型，并预测未来 4 个月的数据。代码如下：

```
   # 导入三次指数平滑函数 ExponentialSmoothing
1  from statsmodels.tsa.holtwinters import ExponentialSmoothing
   # 模型拟合
2  model=ExponentialSmoothing(ts,seasonal_periods=4,trend='add',seasonal='add').fit()
   # 利用 predict 方法预测样本数据和未来 4 个月的数据，利用 forecast 方法可预测未来 4 个月的数据
3  predict_data=model.predict(0,len(ts)+3)
   # 查看未来 4 个月的预测值
4  model.forecast(4)
```

运行结果如下：

未来 4 个月预测数据如下：

array([7.18126125, 6.65625955, 8.53123389, 8.981261])

4 可视化

绘制时间序列预测图。代码如下：

```
1   plt.figure(figsize=(14,8),dpi=800)
    # 绘制真实值折线
2   line1=plt.plot(ts, linestyle='--',marker='.')
    # 绘制预测值折线
3   line2=plt.plot(predict_data ,marker='*')
    # 设置图例
4   plt.legend([' 真实值 ',' 预测值 '])
5   plt.xlabel(' 季度 ')
6   plt.ylabel(' 出库量 ')
    # 配置横坐标标签
7   xticks=[x+'-'+y for x in ['2016','2017','2018','2019','2020'] for y in ['1','2','3','4']]
    # 设置横坐标标签
8   plt.xticks(np.arange(20),xticks)
```

运行结果如下图所示。

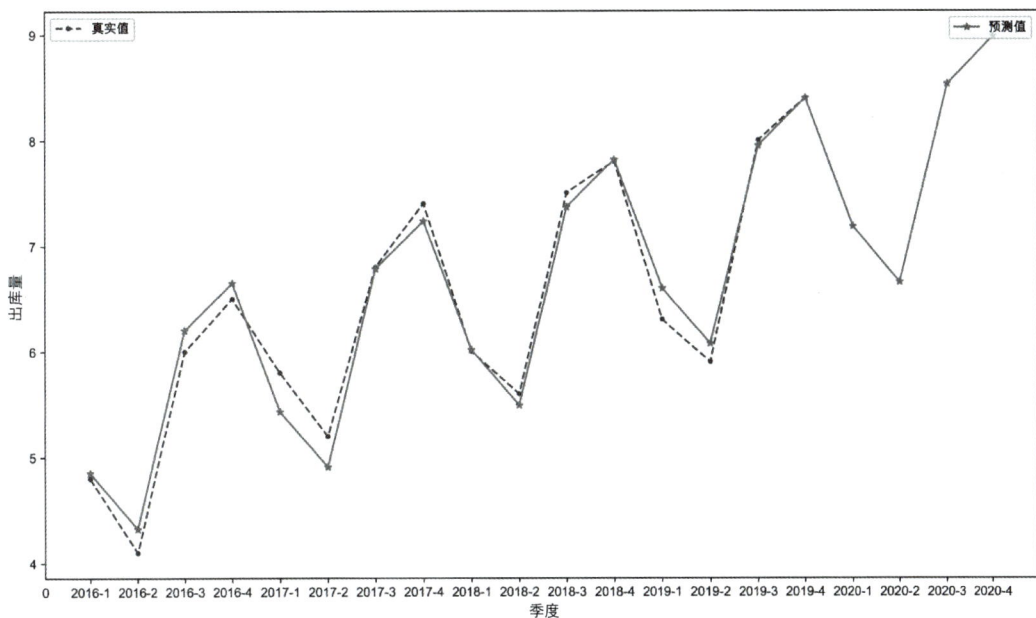

由上图可知，曲线很好地拟合了原始数据，并根据季节性及趋势性情况预测了未来 4 个月的库存量。

5　编写分析报告

服装公司羽绒服备货管理分析

● **分析目的**：冬季将至，按照往年销售经验，公司季节性产品——羽绒服的销量将会有所提升，现要预测未来 4 个季度羽绒服的合理库存量，以进行科学的备货管理。

● **数据来源**：2016 年至 2019 年的历史库存数据。

一、历史出库情况介绍

羽绒服出库量按季度呈周期性的变化，且整体呈现上升趋势（见下页第 1 个图）。

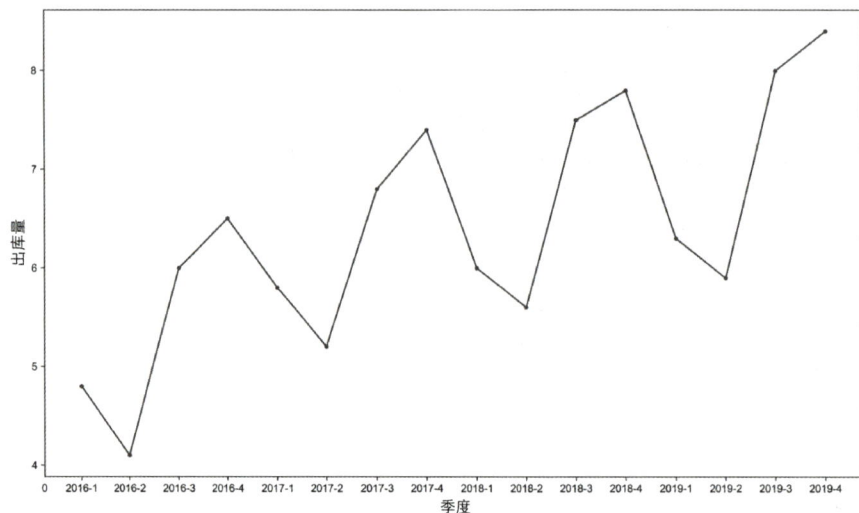

二、未来出库量预测分析

基于三次指数平滑模型对出库量进行拟合，模型拟合情况较好（见下图）。

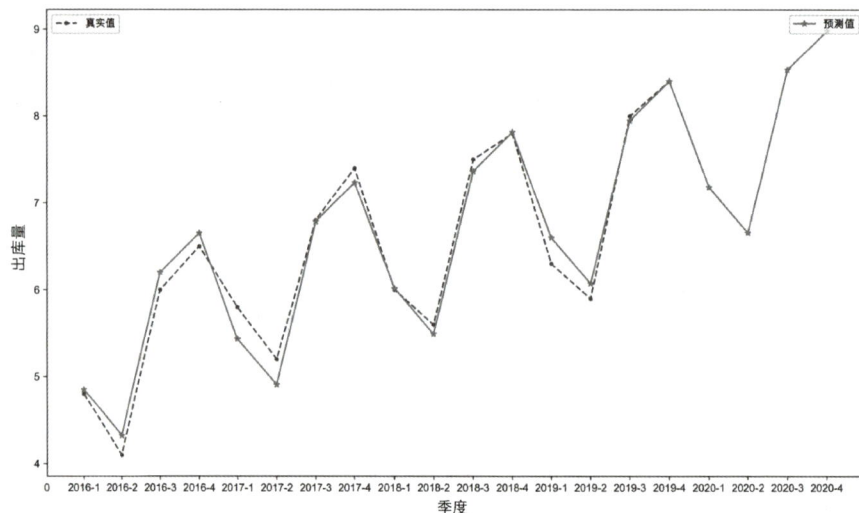

从而未来 4 个季度羽绒服的出库量预测值如下表所示。

季 度	第 1 季度	第 2 季度	第 3 季度	第 4 季度
出库量预测值（千件）	7.181	6.656	8.531	8.981

三、建议

通过分析未来 4 个季度的出库量预测值可知：羽绒服出库量在未来一年整体仍呈现上升趋势，但在第 1 季度和第 2 季度会有所回落，第 4 季度出库量达到峰值（8.981 千件）。根据预测结果，相应备货管理建议如下：

● 第 1、2 季度保持安全库存，根据羽绒服使用期提前发起订货订单。

● 第 3、4 季度羽绒服需要较大的备货量，该段时间的销量会有所增加，应加强库存情况监控。

展示与分享

分组完成任务后，每组派代表上台讲解完成情况，分享得失和经验教训，其余组给出评价，教师综合点评。

2.5 实践应用

社区便利店可以根据历史销售数据确定进货量，如啤酒，4 个季度的销量有不同的特点。

根据调研，社区便利店中啤酒的历史销售数据如下表所示。

年　份	季　度	啤酒销量（箱）	年　份	季　度	啤酒销量（箱）
2016	1	30	2018	3	51
2016	2	38	2018	4	37
2016	3	42	2019	1	29
2016	4	30	2019	2	42
2017	1	29	2019	3	55
2017	2	39	2019	4	38
2017	3	50	2020	1	31
2017	4	35	2020	2	43
2018	1	30	2020	3	54
2018	2	39	2020	4	41

具体实践内容如下。

根据上页表中的历史销售数据（数据文件：啤酒销量数据.xlsx）决策未来一年中 4 个季度的进货量，请使用 Python 进行分析。

实践 1：绘制销量时序图。

（参考 2.4 节的知识点：时间序列图绘制）

实践 2：对销量数据做时间序列要素分解。

（参考 2.4 节的知识点：时间序列要素分解）

实践 3：建立三次指数平滑模型，并预测未来 4 个季度的销售数据。

（参考 2.4 节的知识点：三次指数平滑）

实践 4：绘制时间序列预测图展示预测结果。

（参考 2.4 节的知识点：时间序列预测图绘制）

2.6　后测

注意：要求在 30 分钟内完成，并完成下页的学习报告单。

问题 1：时间序列分解要素有哪些？（对应知识目标：理解时间序列要素分解，10 分）

问题 2：（数据文件：data.csv）

（1）对下表中的时间序列数据进行要素分解。（对应技能目标：实现时间序列要素分解，20 分）

（2）根据三次指数平滑方法预测未来 4 期的数据，并绘制时间序列预测图。（对应技能目标：能够应用三次指数平滑模型做预测，30 分）

时　间	数　据	时　间	数　据	时　间	数　据
2015/1/1	41.7275	2017/1/1	48.9015	2019/1/1	55.5586
2015/4/1	24.0418	2017/4/1	31.1802	2019/4/1	33.8509
2015/7/1	32.3281	2017/7/1	37.7179	2019/7/1	42.0764
2015/10/1	37.3287	2017/10/1	40.4202	2019/10/1	45.6423
2016/1/1	46.2132	2018/1/1	51.2069	2020/1/1	59.7668
2016/4/1	29.3463	2018/4/1	31.8872	2020/4/1	35.1919
2016/7/1	36.4829	2018/7/1	40.9783	2020/7/1	44.3197
2016/10/1	42.9777	2018/10/1	43.7725	2020/10/1	47.9137

学习报告单

学习目标完成度（5分制）：	
□素质目标：	
□知识目标：	
□技能目标：	
前测成绩：	（排名　/　）
□问题：	
后测成绩：	（排名　/　）
□问题1：	
□问题2：	
任务完成情况（5分制）：	
□知识理解：	
□团队协作：	
□结果呈现：	
□表现分享：	

2.7　拓展学习

推荐资源

时间序列小故事

　　大概7000年前，古埃及人把尼罗河的涨落情况逐天记录下来。这一记录就是时间序列。他们并不是随手一记，而是对这个时间序列进行了长期的观察。那么，记录河流涨落有什么意义呢？他们发现，尼罗河的涨落非常有规律，在天狼星第一次和太阳同时升起后的200天左右，尼罗河开始泛滥，洪水持续七八十天，此后土地肥沃，适于农业种植。掌握了尼罗河泛滥的规律，古埃及人对农耕和居所有了规划，使农业迅速发展，从而创建了埃及灿烂的史前文明。

2.8　回顾与反思

> 提示：每个知识点与技能点学习完成后，边回忆边写学习笔记，将所学知识、技能、个人感想及可分享资源记录下来，再将整个"知识与技能学习"模块的逻辑关系绘制成思维导图。

第3章
咖啡豆品种分类预测：
K 最近邻算法

素质目标：培养使用数学或结构化逻辑思维分析与理解问题的能力。

知识目标：理解 K 最近邻（K-Nearest Neighbor，KNN）算法的核心思想，掌握其适用场景。

技能目标：能够构建 K 最近邻算法模型，并对分类问题进行模型评估与预测。

导入：请根据食物的甜度和硬度，按照 1 ～ 10 分进行打分，完善下表。观察讨论，同一类型的食物，它们的甜度和硬度是否接近？同一类型的食物是否具有相似性？

食　物	甜　度	硬　度	类　型
苹果			水果
香蕉			水果
西瓜			水果
胡萝卜			蔬菜
小白菜			蔬菜
冬瓜			蔬菜

3.1　前测

前置知识要求：数据标准化方法、描述性统计分析。本测试要求在 15 分钟内完成，并完成下页的学情分析单。

问题 1：利用 Python 中的 sklearn.datasets 模块对葡萄酒（wine）数据集的特征变量进行数据标准化处理。（数据标准化方法，10 分）

提取特征变量的代码如下：

```
    # 导入相关模块
1   from sklearn.datasets import load_wine
    # 导入葡萄酒（wine）数据集
2   wine=load_wine()
    # 查看特征变量名称
3   wine['feature_names']
    # 特征变量
4   wine_feature=wine['data']
```

问题 2：对葡萄酒（wine）数据集的特征变量进行描述性统计分析，包括查看均值、四分位数、计数、最大值、最小值等。（描述性统计分析，10 分）

学情分析单

	5	4	3	2	1
前置知识：	5	4	3	2	1
前置技能（经验）：	5	4	3	2	1
学习动机：					
学习风格与特征：					

3.2　概念理解

◎ 非平衡数据

非平衡数据就是数据集中不同类别的样本比例相差很大的数据，数量较多者和较少者的比例一般可以达到 9：1 或者更高。这种情况其实很常见，比如工厂生产的灯泡，大部分是合格品，只有极少数次品。下图中的散点和五角星就是两种样本数量非常不成比例的类别。

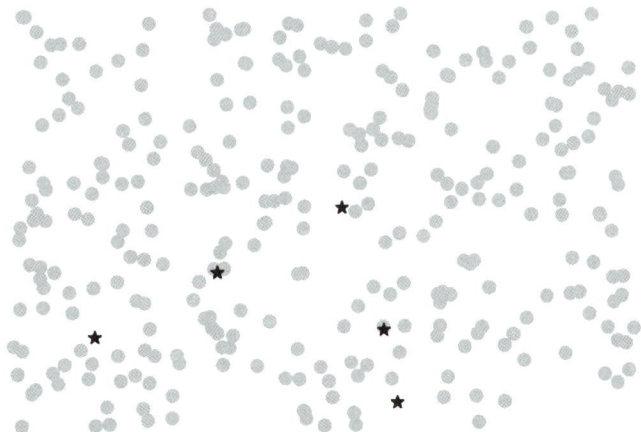

为什么要探讨非平衡数据呢？因为非平衡数据会影响分类模型的效果。通常会根据准确率来评价分类模型的好坏。比如分类模型将 100 个样本中的 99 个样本都正确分类了，那么模型的准确率为 99%，效果很好。但是如果这 100 个样本是非平衡数据，其中有 99 个都是类别 A，只有 1 个是类别 B，那么分类模型就很可能将所有样本归为类别 A，这时模型虽然可以达到 99% 的准确率，但是对数量小的样本类别则失效了。

3.3 任务单

A 公司以加工咖啡豆为主营业务，主要生产 3 种不同品种的咖啡豆。根据市场情况，该公司将咖啡豆按照形状、大小等不同规格进行了分类并分别将其命名为 BARBUNYA、BOMBAY、CALI。

传统的手工分类过程工作量较大且耗费时间较长，现该公司引进了一套计算机视觉系统，使用高分辨率相机拍摄并自动测量咖啡豆正面的面积、周长、主轴长度、主轴宽度、长宽比等，基于测量获得的特征数据对咖啡豆进行分类。将该公司采集的咖啡豆数据存入"咖啡豆数据 .csv"文件中。部分数据如下表所示。

面积（mm²）	周长（mm）	主轴长度（mm）	主轴宽度（mm）	长 宽 比	品　　种
38.0628	22.52722	7.8882962	5.487564698	1.437485777	BARBUNYA
38.0988	22.864	7.935150782	5.459961666	1.453334523	BARBUNYA
38.115	23.1956	8.340025404	5.182327502	1.609320407	BARBUNYA
38.23875	23.56396	8.568626358	5.059111216	1.693701916	BARBUNYA
38.28735	22.59142	7.50727011	5.785195954	1.297669114	BARBUNYA

具体任务如下。

任务 1：对咖啡豆相关参数做描述性统计分析，探索咖啡豆不同品种的特征。

任务 2：根据"咖啡豆数据 .csv"文件，选择合适的机器学习方法，建立能够根据咖啡豆的特征进行合理分类的模型。

任务 3：根据建立的分类模型，鉴定"咖啡豆待测数据 .csv"文件中咖啡豆的品种。下表为咖啡豆待测数据。

面积（mm²）	周长（mm）	主轴长度（mm）	主轴宽度（mm）	长 宽 比
38.7198	23.63714	8.740731022	5.025340582	1.739331072
38.7396	24.3161	8.359105674	5.27281186	1.585322195
86.50755	34.58176	13.57146016	7.282592362	1.863547963
45.5517	25.37036	10.07225333	5.266834366	1.912392270
45.6732	24.798	9.609632222	5.400872564	1.779274017

3.4 知识与技能学习

- *K* 最近邻算法。
- *K* 值的选择。
- *K* 最近邻算法的 Python 实现。
- 分类问题的模型评估。

1 业务需求理解

本案例需要根据咖啡豆正面的面积、周长、主轴长度、主轴宽度等特征预测咖啡豆的品种，所以这是一个既有特征数据又有标签（Class）的数据集。"种类"字段为数据的标签，即目标变量；其余字段描述咖啡豆的特征，均为特征变量。本章将介绍机器学习中一种易于理解的分类算法——*K* 最近邻算法来解决该问题。

（1）*K* 最近邻算法

① 算法介绍

K 最近邻算法是最简单易用的分类算法之一。该算法遵循"物以类聚"的思想，即同一类事物具有相似的特征，所以它们彼此间距离较近。

为了便于读者进一步理解 *K* 最近邻算法，现结合"导入"部分水果和蔬菜的例子，画出水果和蔬菜对应甜度和硬度的分布图（见下图）。可以看到，同类型的食物彼此离得很近。

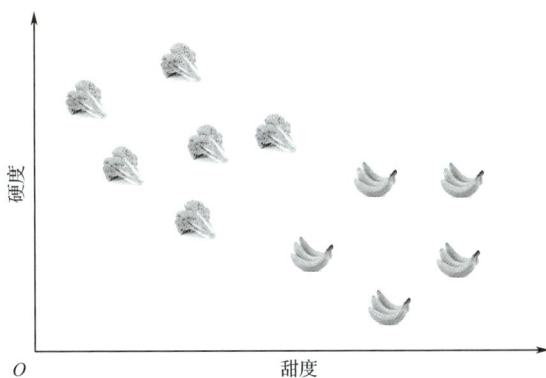

现在在图中新增一个未知食物，位置如下图所示。

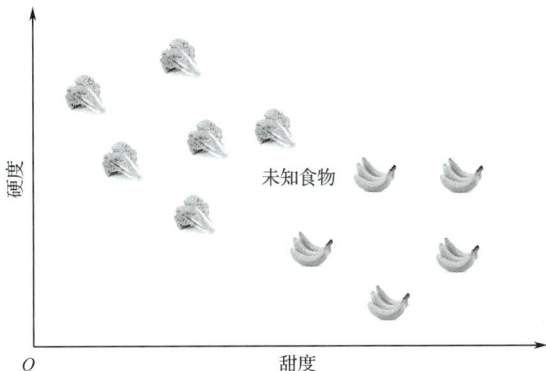

由于同类型的食物彼此离得近，可以考虑距离未知食物最近的 3 个食物，即下图中圆圈内的食物。

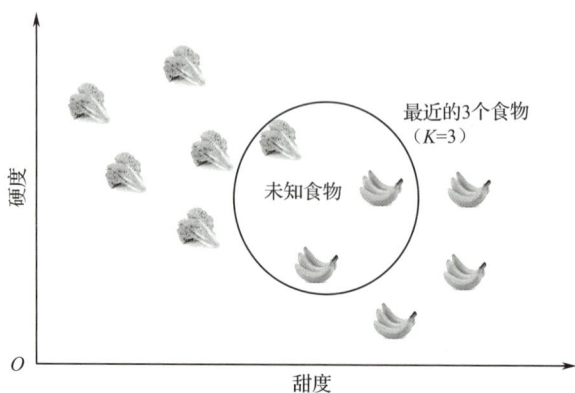

由于未知食物周围的 3 个食物中有 2 个为水果，1 个为蔬菜，即水果较多，那么根据 K 最近邻算法的思想，未知食物将被判定为水果。

▶ **K 最近邻算法的核心思想**

以待预测样本点为中心点，计算周围一定半径内的已知样本点与它的距离，选择最近的 K 个点，其中哪个类别的点多，该点就被判定为哪一类。

② K 值的选择

在前面的例子中，选择了最近的 3 个食物（K 值取 3），结果将未知食物判定为水果。现在取 K 值为 5，结果如下图所示。

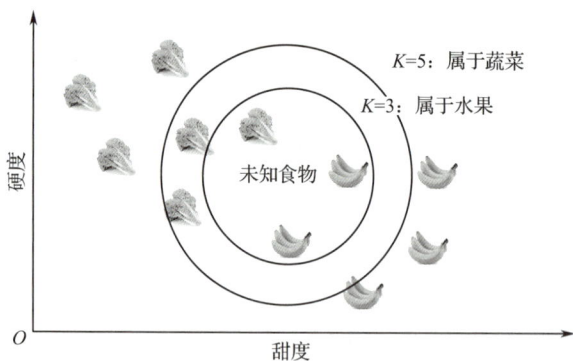

可以看到，当 $K = 5$ 时，未知食物周围的 5 个食物中有 2 个为水果，3 个为蔬菜，即蔬菜较多，那么未知食物会被判定为蔬菜，这与 $K = 3$ 的结果截然相反。所以选择不同的 K 值会产生不同的结果。

如果选择一个非常大的 K 值，那么结果会偏向于样本数据量多的类别，而忽略待预测样本周围数据量小但重要的样本。比如：下页第 1 个图中的未知食物，直观来看，更偏向于属于水果，但由于 K 值较大，距离待预测样本较远的蔬菜对 K 最近邻算法产生了影响，使得待预测样本被判定为蔬菜。

K值太大，易受大样本影响

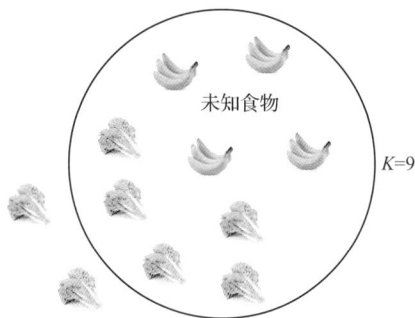

如果K值非常小，那么K最近邻算法又容易受到噪声数据（或极端数据）的影响。比如：下图中的未知食物，直观来看，更偏向于属于蔬菜，但由于K值较小，且未知食物附近有一个异常的水果，故K最近邻算法将其判定为水果。

K值太小，易受噪声数据（或极端数据）的影响

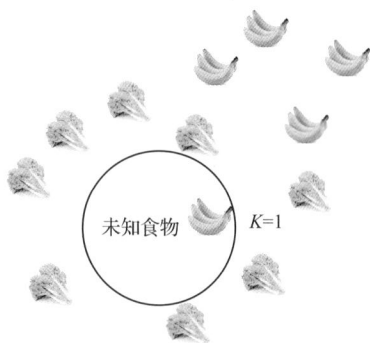

3

显然，最好的K值应该介于上述两种极端情况之间，那么该如何选择K值呢？这里提供一个参考方法：将数据集分为训练集和测试集，在训练集上尝试不同的K值，将训练集上分类表现最好的K值作为最后的K值。

由于尝试不同K值的分类效果的计算量较大，一般可以尝试将训练集样本数的平方根取整值作为初始化的K值。

（2）分类模型的评估方法

通过模型评估，可以找到分类表现最好的K值。下面介绍混淆矩阵及从其延伸出的一些评价指标，来说明分类模型的评估方法。

① 混淆矩阵

混淆矩阵是一种可视化工具，衡量的是一个分类工具分类的准确程度，主要用于比较模型预测结果和真实信息的差距。

假设有一个用来分类猫和狗的模型，总共27只动物，其中猫15只，狗12只。其混淆矩阵如下页图所示。

混淆矩阵中的每行代表实例的真实类别，每列代表实例的模型预测类别。在这个混淆矩阵中，实际有 15 只猫，分类模型将其中 2 只预测为了狗；实际有 12 只狗，其中有 1 只被预测为了猫。所有正确的预测结果都在一条对角线上，所以从混淆矩阵中可以很方便直观地看出哪里有错误，因为它们会呈现在该对角线外面。

② 准确率

准确率指被正确分类的样本数占总样本数的比例，又称精度。

本例中，准确率 $= (13+11) \div 27 \times 100\% \approx 88.9\%$

③ 错误率

错误率指被错误分类的样本数占总样本数的比例。

本例中，错误率 $= (1+2) \div 27 \times 100\% \approx 11.1\%$

2　数据采集与预处理

（1）读取数据

读取"咖啡豆数据 .csv"文件中的数据。代码如下：

```
1   import pandas as pd
    # 加载数据
2   df = pd.read_csv(" 咖啡豆数据 .csv")
    # 展示数据
3   df.head()
```

（2）探索数据

统计目标变量中各品种的数量，判定该数据是否是平衡数据。代码如下：

```
    # 统计目标变量中各品种的数量
1   df[' 种类 '].value_counts()
```

运行结果如下：

CALI　　　　　　99

BOMBAY　　　　99

BARBUNYA　　　98

由结果可知，每个品种的样本数几乎相同，说明该数据是平衡数据。

然后按品种分组，计算特征变量的平均值，看能否发现有用的信息。代码如下：

```
    # 计算平均值
1   df.groupby(' 品种 ').mean().T
```

得到分组统计特征变量的平均值，结果如下表所示。

品　　种	BARBUNYA	BOMBAY	CALI
面积（mm^2）	40.630371	94.085586	43.464814
周长（mm）	24.019491	35.057527	23.927370
主轴长度（mm）	8.451913	13.262017	9.306940
主轴宽度（mm）	5.468362	8.110836	5.338541
长　宽　比	1.550396	1.638790	1.744657

最后利用柱状图可视化对比各咖啡豆品种的特征差异。代码如下：

```
1   import matplotlib.pyplot as plt
    # 设置中文字符
2   plt.rcParams["font.family"] = 'SimHei'
    # 绘制柱状图，subplots=True 表示设置子图，layout=(3,2) 表示子图按照 3 行 2 列的格式排列，
    rot=0 表示横坐标轴标签横向排列，figsize=(20,20) 表示图形的长宽值均为 20
3   df.groupby(' 品种 ').mean().plot.bar(subplots=True,layout=(3,2),rot=0,figsize=(20,20))
```

得到如下咖啡豆不同品种的特征对比图如下。

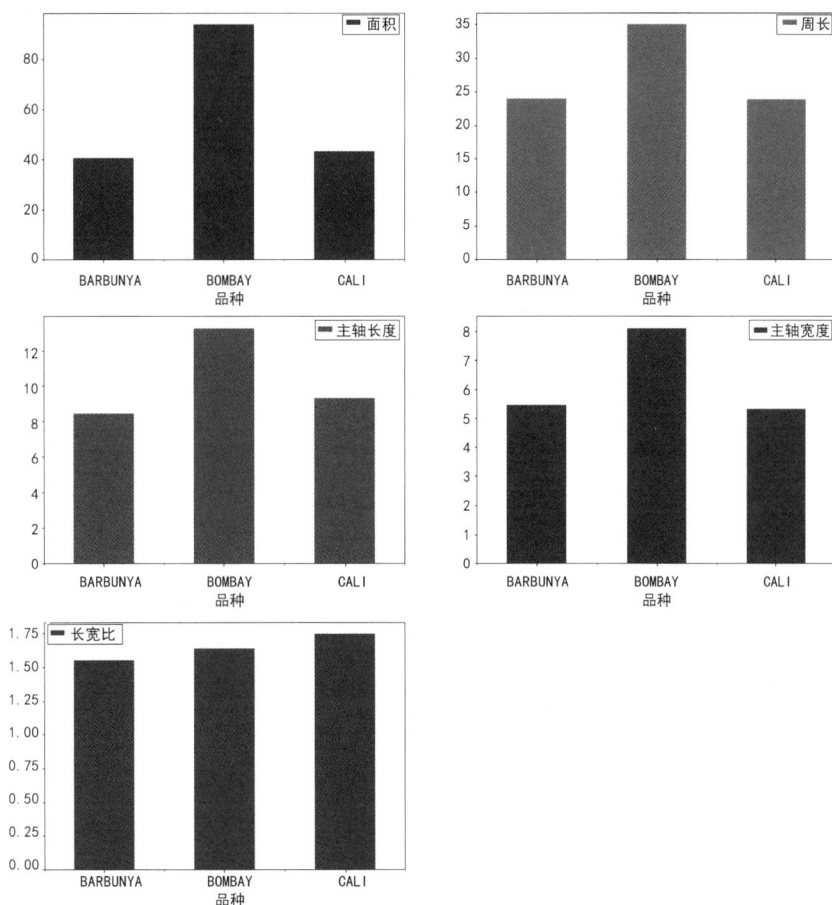

可以看到：

● BOMBAY 咖啡豆和其余两个品种的咖啡豆在面积、周长、主轴长度和主轴宽度方

面均有明显差异；BARBUNYA 和 CALI 两个品种在长宽比上有差异。

● 面积和长宽比两个指标的数量级不同，在计算距离时，会导致面积比长宽比产生更大的影响，进而影响到分类的准确率，所以需要对数据进行标准化处理。

（3）数据预处理

对特征变量进行数据标准化处理。代码如下：

```
# 数据标准化
1   from sklearn import preprocessing
    # 面积、周长、主轴长度、主轴宽度、长宽比 5 个变量为特征变量，即 df.iloc[:,:-1]
2   df_scaled = preprocessing.scale(df.iloc[:,:-1])
```

（4）将数据集按照 8 ∶ 2 的比例划分为训练集和测试集。代码如下：

```
# 将数据集划分为训练集和测试集
# 导入 train_test_split 函数
1   from sklearn.model_selection import train_test_split
    # df_scaled 为标准化后的特征变量
    # df.iloc[:,-1] 为"品种"标签（目标变量）
    # test_size=0.2 表示将数据集的 20% 划为测试集
    # random_state=0 表示将随机数种子设置为 0
2   x_train,x_test,y_train,y_test = train_test_split(df_scaled,df.iloc[:,-1],test_size=0.2 ,random_state=0)
```

3 数据建模与评估

（1）构建 K 最近邻算法模型

完成数据的探索与预处理后，将利用训练集数据，基于 K 最近邻算法来解决咖啡豆品种分类问题。首先，需要掌握如何利用 Python 来实现 K 最近邻算法。

在 Python 中，可以通过 sklearn.neighbors 模块中的 KNeighborsClassifier 函数建立 K 最近邻算法模型。其调用格式如下：

```
KNeighborsClassifier(n_neighbors,…)
```

KNeighborsClassifier 函数的常用参数及说明如下表所示。

参　　　数	说　　　明
n_neighbors	最近邻数（K 值）

KNeighborsClassifier 函数的一些配套使用方法及说明如下表所示。

方　　　法	说　　　明
fit(x_train,y_train)	训练模型。x_train 是训练集的特征变量，y_train 是训练集的目标变量
predict(X)	模型预测。X 为要预测的样本，最后返回预测的分类
score(x_test,y_test)	模型评分。返回模型分类的准确率。x_test 是测试集的特征变量，y_test 是测试集的目标变量

关于 KNeighborsClassifier 函数的具体使用过程，后面将结合案例进行讲解。

在构建 K 最近邻算法模型前，还需要确定 K 值。在此，首先将训练集样本数的平方根取整值作为 K 值。代码如下：

```
    # 计算训练集样本数的平方根
1   len(x_train)**0.5
```

运行结果如下：

15.362291495737216

尝试在 *K* 最近邻算法中，取 *K* = 15，构建 *K* 最近邻算法模型。代码如下：

```
    导入 KNeighborsClassifier 函数
1   from sklearn.neighbors import KNeighborsClassifier
    # 构建模型对象，取 K 值为 15
2   knn= KNeighborsClassifier(n_neighbors=15)
    # 基于训练集训练模型
3   knn.fit(x_train,y_train)
```

构建的 *K* 最近邻算法模型信息将存储在 KNN 变量中。

（2）*K* 最近邻算法模型评估

现在需要评估建立的 *K* 最近邻算法模型的分类效果。可以在测试集上利用 score 函数来评价该模型的分类准确率。代码如下：

```
    # 模型评分
1   score = knn.score(x_test, y_test)
    # 显示模型准确率
2   print(score)
```

运行结果如下：

0.9333333333333333

可以看到，现在模型的分类准确率为 93%。下面使用混淆矩阵来评估模型。

在 Python 中，可以通过 sklearn.metrics 模块中的 confusion_matrix 函数计算混淆矩阵。其调用格式如下：

```
confusion_matrix(y_true,y_pred,labels=None,…)
```

confusion_matrix 函数的常用参数及说明如下表所示。

参　　数	说　　　明
y_true	样本真实类别
y_pred	样本预测类别
labels	通过该参数可选择或重排序返回的类别，默认给出所有类别

下面使用混淆矩阵对模型进行评估。代码如下：

```
    # 导入混淆矩阵函数 confusion_matrix
1   from sklearn.metrics import confusion_matrix
    # 预测测试集数据
2   y_pred = knn.predict(x_test)
    # 混淆矩阵
3   confusion_matrix(y_test, y_pred)
```

运行结果如下：

array([[18, 0, 2],

```
        [ 0,  12,  0],
        [ 2,   0,  26]])
```

混淆矩阵结果整理如下图所示。

		预测结果		
		BARBUNYA	BOMBAY	CALI
真实情况	BARBUNYA	18	0	2
	BOMBAY	0	12	0
	CALI	2	0	26

在混淆矩阵中，可以看到：20 个 BARBUNYA 咖啡豆预测准了 18 个，准确率为 90%；12 个 BOMBAY 咖啡豆全部预测准确；28 个 CALI 咖啡豆预测准了 26 个，准确率为 93%。整体来看，全部（60 个）咖啡豆中，预测准了 56 个咖啡豆的品种，准确率为 93%，和使用 score 函数得到的准确率一致。

下面尝试使用不同的 K 值，来进一步优化模型。

（3）模型优化

尝试遍历 K 值为 5 ～ 30 的整数，选择准确率最高的 K 值来优化模型。代码如下：

```
     # 准确率存储列表
1    score_list = []
     # K 值存储列表
2    k_list = []
     # 遍历 5 ～ 30 的整数
3    for n in range(5,30):
         # 建立 K 最近邻算法模型
4        knn = KNeighborsClassifier(n_neighbors=n)
         # 训练模型
5        knn.fit(x_train,y_train)
         # 模型评分
6        score = knn.score(x_test, y_test)
         # 记录 K 值
7        k_list.append(n)
         # 记录准确率
8        score_list.append(score)
     # 查看具体的最高的准确率和对应的 K 值
     # 将结果存储为 DataFrame 对象
9    result=pd.DataFrame({'k':k_list,'score':score_list})
     # 查看准确率最高的数据
10   result[score_list==max(score_list)]
```

运行结果如下：

	k	score
5	10	0.95

可以看到：当 K 值取 10 时，有最高的准确率——95%。

（4）模型应用

构建好模型后，可以用 predict 函数实现待预测咖啡豆品种的预测。代码如下：

```
    # 构建模型对象，取 K 值为 10
1   knn = KNeighborsClassifier(n_neighbors=10)
    # 训练模型
2   knn.fit(x_train,y_train)
    # 读取待预测数据
3   df_predict=pd.read_csv(' 咖啡豆待预测数据 .csv')
    # 对待预测数据进行标准化处理
4   df_predict=preprocessing.scale(df_predict)
    # 预测待预测咖啡豆品种
5   knn.predict(df_predict)
```

运行结果如下：

array(['BARBUNYA', 'BARBUNYA', 'BOMBAY', 'CALI', 'BARBUNYA'], dtype=object)

根据待预测咖啡豆的特征数据，predict 函数返回了每个咖啡豆品种的预测结果。

4 编写分析报告

咖啡豆品种分类预测

● 分析目的：分析咖啡豆不同品种的特征，并根据特征进行品种分类。

● 数据来源：高分辨率相机拍摄并自动测量的数据。

一、咖啡豆不同品种的特征分析

BOMBAY 咖啡豆和其余两个品种的咖啡豆在面积、周长、主轴长度和主轴宽度方面均有明显差异；BARBUNYA 和 CALI 两个品种在长宽比上有差异，如下图所示。

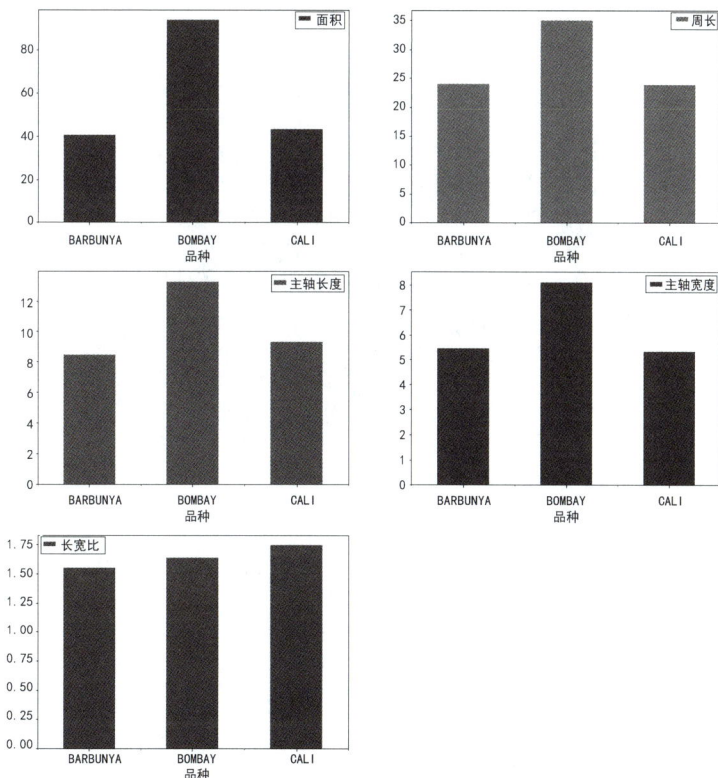

二、咖啡豆品种分类预测结果

通过 K 最近邻算法，实现了根据咖啡豆的 5 个特征对其品种进行预测，预测的准确率达 95%。咖啡豆品种分类预测结果如下表所示。

面积（mm²）	周长（mm）	主轴长度（mm）	主轴宽度（mm）	长　宽　比	预测品种
38.7198	23.63714	8.740731022	5.025340582	1.739331072	BARBUNYA
38.7396	24.3161	8.359105674	5.27281186	1.585322195	BARBUNYA
86.50755	34.58176	13.57146016	7.282592362	1.863547963	BOMBAY
45.5517	25.37036	10.07225333	5.266834366	1.912392270	CALI
45.6732	24.798	9.609632222	5.400872564	1.779274017	BARBUNYA

展示与分享

分组完成任务后，每组派代表上台讲解完成情况，分享得失和经验教训，其余组给出评价，教师综合点评。

3.5　实践应用

某公司为一家专业鉴定葡萄酒品质的机构。该公司通过分析葡萄酒中的酒精、柠檬酸、杂质等的含量对葡萄酒进行品质鉴定，鉴定结果分为 5、6 两个等级，葡萄酒品质随评分从低到高依次递增。

现从该公司数据库提取相关数据，且将数据导出至 wine.csv 文件，其中最后 5 种葡萄酒（见下表）的品质等级未知。

fixed acidity （g/L）	volatile acidity （g/L）	citric acid （g/L）	residual sugar （g/L）	chlorides （mg/L）	free sulfur dioxide （mg/L）	total sulfur dioxide （mg/L）	density （mg/L）	pH	sulphates （mg/L）	alcohol （20℃） （/%vol）	quality
7.4	0.7	0	1.9	0.076	11	34	0.9978	3.5	0.56	9.4	5
7.8	0.88	0	2.6	0.098	25	67	0.9968	3.2	0.68	9.8	5

fixed acidity（g/L）	volatile acidity（g/L）	citric acid（g/L）	residual sugar（g/L）	chlorides（mg/L）	free sulfur dioxide（mg/L）	total sulfur dioxide（mg/L）	density（mg/L）	pH	sulphates（mg/L）	alcohol（20℃）（/%vol）	quality
7.8	0.76	0.04	2.3	0.092	15	54	0.997	3.3	0.65	9.8	5
11.2	0.28	0.56	1.9	0.075	17	60	0.998	3.2	0.58	9.8	6
7.4	0.7	0	1.9	0.076	11	34	0.9978	3.5	0.56	9.4	5

表中的数据字段说明如下。

fixed acidity：非挥发酸。

volatile acidity：挥发酸。

citric acid：柠檬酸。

residual sugar：残余糖。

chlorides：氯化物。

free sulfur dioxide：游离二氧化硫。

total sulfur dioxide：总二氧化硫。

density：密度。

pH：pH 值。

sulphates：硫酸盐。

alcohol：酒精度。

quality：等级。

具体实践内容如下。

实践 1：对 wine.csv 数据集中的特征变量进行描述性统计分析，并对特征变量进行数据标准化处理。

实践 2：将数据集按照 8 ： 2 的比例划分为训练集和测试集。

（参考 3.4 节的知识点：训练集和测试集的 Python 实现）

实践 3：建立 K 最近邻算法模型，满足能够鉴定葡萄酒等级的要求。

（参考 3.4 节的知识点：K 最近邻算法、K 值的选择、K 最近邻算法的 Python 实现）

实践 4：对数据集中最后 5 种品质等级未知的葡萄酒进行等级鉴定。

3.6　后测

注意：要求在 60 分钟内完成，并完成下页的学习报告单。

问题 1：请构建思维导图，描述本章案例实现的详细步骤，以及每个步骤的作用或目的。（对应情感目标：使用数学或结构化逻辑思维方式分析与理解问题，10 分）

问题 2：根据 K 最近邻算法的原理，下页图中待定的圆圈在 K 分别取 3 和 5 时，该归为哪一类别？（对应知识目标：理解 K 最近邻算法的核心思想，10 分）

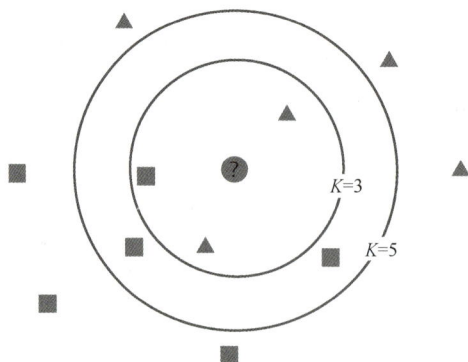

问题3：K最近邻算法在现实中可以有哪些应用？（对应知识目标：掌握K最近邻算法的适用场景，10分）

问题4：基于如下代码，提取Python的sklearn.datasets模块中葡萄酒（wine）数据集的特征变量（葡萄酒特征）和目标变量（葡萄酒类别），并进行如下处理：

（1）将数据集按照9∶1的比例划分为训练集和测试集。

（2）基于训练集构建K最近邻算法模型。

（3）利用测试集评估模型。

（4）利用模型对测试集的特征变量进行葡萄酒品质鉴定。

（对应技能目标：能够构建K最近邻模型，能够对分类问题进行模型评估与预测，30分）

```
    # 导入相关模块
1   from sklearn.datasets import load_wine
    # 导入葡萄酒（wine）数据集
2   wine=load_wine()
    #特征变量
3   wine_feature=wine['data']
    # 目标变量
4   y=wine['target']
```

学习报告单

学习目标完成度（5分制）：
□素质目标：
□知识目标：
□技能目标：

前测成绩：　　　　　　　　　　　　　　　　　　（排名　/　）
□问题1：
□问题2：

后测成绩：　　　　　　　　　　　　　　　　　　（排名　/　）
□问题1：
□问题2：
□问题3：
□问题4：

任务完成情况（5分制）：
□知识理解：
□团队协作：
□结果呈现：
□表现分享：

3.7 拓展学习

推荐资源

相似性的度量：距离

距离常被作为相似性的评价指标，即两个对象在图中的距离越近，则认为这两个对象的相似度越大。度量相似性时常用欧几里得距离（Euclidean Distance，ED）。在计算距离之前，常需要对数据进行标准化处理，以避免量纲的影响。

给定样本 $x_i = (x_{i1}, x_{i2}, \cdots, x_{in})$ 与 $x_j = (x_{j1}, x_{j2}, \cdots, x_{jn})$，计算欧几里得距离的公式如下：

$$\mathrm{dist}_{\mathrm{ED}}(x_i, x_j) = \sqrt{\sum_{u=1}^{n}(x_{iu} - x_{ju})^2}$$

例如，下图中的两个点之间的距离即它们之间虚线的长度。

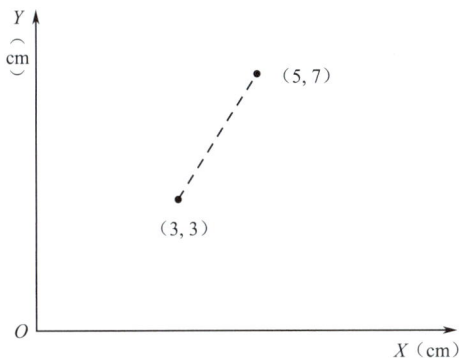

根据欧几里得距离的计算公式，可以得到：

$$距离 = \sqrt{(3-5)^2 + (3-7)^2} \approx 4.47\,(\mathrm{cm})$$

3.8 回顾与反思

💡提示：每个知识点与技能点学习完成后，边回忆边写学习笔记，将所学知识、技能、个人感想及可分享资源记录下来，再将整个"知识与技能学习"模块的逻辑关系绘制成思维导图。

第4章
健身客户流失预测：决策树

素质目标：形成务实严谨的工作态度，培养数据驱动业务的工作意识。

知识目标：理解决策树模型的原理。

技能目标：能够使用 Python 构建并应用决策树模型，并对决策树模型进行可视化展示。

导入：随机抽取 1 名男生和 1 名女生，让其简明扼要地说出各自选择朋友的 3 个标准，并依据标准在各自心中的重要性给出排序。从得到的标准中引出学生筛选的判断过程。

4.1 前测

前置知识要求：Python 的文本替换方法。本测试要求在 10 分钟内完成，并完成下面的学情分析单。

问题：根据下列代码，将数据集 df 中 a 列的 0 替换为"否"，将 1 替换为"是"（Python的文本替换方法，15 分）

```
1    import pandas as pd
2    df=pd.DataFrame({'a':[0,1,0,1],
                      'b':[2,2,2,2,]})
```

学情分析单

前置知识：	5	4	3	2	1
前置技能（经验）：	5	4	3	2	1
学习动机：					
学习风格与特征：					

4.2　概念理解

◎ 用户流失预警

用户流失预警是指通过分析用户一段时间内的自身属性及行为等特征，预测用户在未来一段时间内的流失概率及可能的原因，及时采取措施进行用户挽留。

对于一款发展已经相对成熟、市场相对饱和的产品而言，获取一个新用户的成本会远高于留住一个老用户的成本，老用户的流失意味着收益的减少。所以很多人会搭建一套流失用户的召回体系，先定义流失用户，然后用各类触达方式（如信息推送等）进行流失用户召回。

然而，召回率一般并不理想。以召回某 App 用户为例，一方面，已经真正流失的用户很可能已经卸载了 App，关闭了信息推送功能；另一方面，用户由于某种原因放弃了App，在收到召回信息时很可能会无视甚至产生反感情绪，召回的难度可能并不比获取一个新用户低。

所以，在一个用户成为流失用户之前，有必要进行流失预警。

流失预警的优点有 3 个：一是可以将用户召回时间前置；二是与流失召回相比，成本低、召回难度低；三是可以在 App 内进行，形式多元。

4.3　任务单

在健身俱乐部中，客户是否流失往往反映了俱乐部经营状况的好坏。通过预测客户流失情况，可以让俱乐部提前对该类流失客户进行预警，并制定相应的营销策略，以留住更多老客户，减少俱乐部经营利润的流失。

健身客户流失的特征主要体现在以下 3 个方面。

（1）客户最近一次来店里健身是多久之前。

（2）客户是否有私教。

（3）客户健身的频率。

基于这 3 个方面，健身俱乐部收集了相关数据（数据文件：健身客户数据 .csv）。部分数据如下表所示。

user_ID	recently	personal_trainers	frequence	type
1232	26	无	0	流失
1233	9	无	1	流失
1234	25	无	2	流失
1235	12	有	5	未流失
1236	13	有	3	未流失
1237	27	无	0	流失
1238	11	无	3	流失
1239	30	无	0	流失
1240	20	有	2	未流失
……	……	……	……	……
1256	24	有	1	流失
……	……	……	……	……

表中的数据字段说明如下。

user_ID：客户 ID。

recently：客户最近一次健身的日期距离当前日期的天数。

personal_trainers：有无私教。

frequence：平均每周健身次数。

type：客户流失类型。

具体任务如下。

任务 1：建立健身客户流失预警模型，并制定挽留的营销策略。

任务 2：判断下表中的客户是否会流失。

user_ID	recently	personal_trainers	frequence
3124	28	无	0
3125	8	无	2
3126	22	有	1
3127	11	有	3
3128	9	有	2

4.4　知识与技能学习

● 决策树算法。
● 决策树算法的 Python 实现。

1　业务需求理解

对客户流失的预警，实际上是将客户分为会流失和不会流失两类，属于分类问题。对于分类问题，可以采用决策树方法进行预测。决策树能够从历史客户的行为特征和是否流失的数据中总结出客户流失的规律，以实现流失预测。

决策树方法是一种解决分类和预测问题的机器学习方法，具有直观、易于解释的优点。例如，如果想打羽毛球，可能会考虑几个影响因素：是否有充裕的打球时间；如果时间充裕，可能还会考虑是否有风；如果有微风，可能会继续考虑是否有带球网的室内场地等情况；之后再决定是否去打球。这就形成了一个决策树，如下图所示。

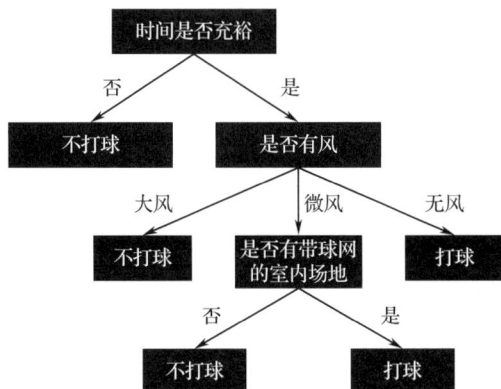

若某天的特征为：时间充裕、微风、有带球网的室内场地，那么依据上图的决策树，就有了下图的决策路径，并由此得到"打球"的决策。

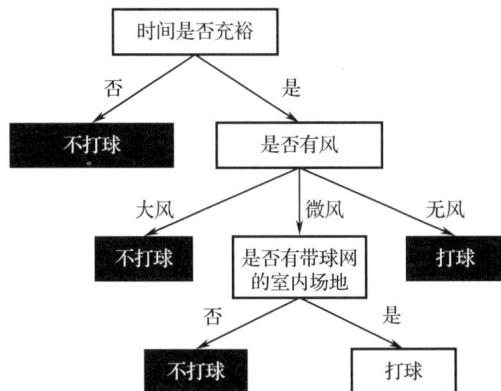

在是否打球的决策中，通常会优先考虑那些更重要的特征，如果考虑特征的顺序不同，产生的结果可能会不同。所以在构造决策树时，需要将那些起决定性作用的特征作为优先决策点，即决策树的分支节点所包含的样本应该尽可能属于同一类别（纯度更高）。

要从上到下，在每层按照划分准则，选择最优的特征，逐层划分至不可再分或不需再分，最终得到决策树。这个过程就是将数据集划分成纯度更高、不确定性更小的一个数据集的过程。

> ▶ **决策树**
>
> 　　决策树方法是一种常用的分类方法，遵循简单且直观的"分而治之"策略。决策树是一种树形结构，其中每个内部节点表示对一个属性的判断，每个分支代表一个判断结果的输出，每个叶节点代表一种分类结果。
>
> 　　算法的本质是利用归纳的方法，从数据中找出一套行之有效的决策规则，再将这套规则运用于新数据，从而为决策提供指导依据。一套清晰、明确的规则有助于使用者理解并为实际工作提供决策辅助。

　　因此，可以构建决策树模型来预测健身客户是否流失。但这并不意味着构建的模型一定是有效的，所以仍然需要对其进行评估。

2　数据采集与预处理

（1）读取数据

读取健身俱乐部采集的客户数据，数据在"健身客户数据 .csv"中。代码如下：

```
1    import pandas as pd
     #加载数据
2    tree_data = pd.read_csv(' 健身客户数据 .csv'， encoding = 'gbk')
     #展示数据
3    tree_data.head()
```

（2）数据预处理

为了评价决策树模型的效果，可以先将数据集分为训练集和测试集，其中训练集用于建立决策树模型，测试集用于预测和评价模型的效果。这里按照 9 ∶ 1 的比例，将数据集随机划分为训练集和测试集。代码如下：

```
     # 由于决策树函数不支持文本数据，故将表中的中文值转换为数字
1    tree_data['personal_trainers'].replace({' 无 ':0,' 有 ':1}, inplace=True)
2    tree_data['type'].replace({' 未流失 ':0,' 流失 ':1}, inplace=True)
     # 提取特征变量
3    x = tree_data['recently', 'personal_trainers', 'frequence']
     # 提取目标变量
4    y = tree_data['type']
5    from sklearn.model_selection import train_test_split
     # 将数据集按照 9:1 的比例划分为训练集和测试集
6    x_train, x_test, y_train, y_test = train_test_split(x, y, test_size=0.1, random_state=42)
```

3　数据建模与评估

（1）构建决策树模型

现在利用训练集中的数据来构建决策树模型。

在 Python 中，可以通过 sklearn.tree 模块中的 DecisionTreeClassifier 函数运用决策树进行分类。其调用格式如下：

```
sklearn.tree.DecisionTreeClassifier(*,criterion='gini',max_depth=None,min_samples_split=2,min_
samples_leaf=1,…, random_state=None,…)
```

DecisionTreeClassifier 函数的常用参数及说明如下表所示。

参　　数	说　　明
criterion	特征划分方法，包括基尼系数（gini）和信息熵（entropy）
max_depth	决策树的最大深度。深度越大，越容易过拟合
min_samples_split	成为一个内部节点的最小样本数
min_samples_leaf	成为一个叶节点的最小样本数
random_state	随机数种子

DecisionTreeClassifier 函数的一些配套使用方法及说明如下表所示。

方　　法	说　　明
fit(x_train,y_train)	训练模型。x_train 是训练集的特征变量，y_train 是训练集的目标变量
predict(X)	模型预测。X 为要预测的样本，最后返回预测的分类
score(x_test,y_test)	模型评分。返回模型分类的准确率。x_test 是测试集的特征变量，y_test 是测试集的目标变量

构建决策树模型并划分训练模型。代码如下：

```
    # 导入 tree 函数
1   from sklearn import tree
    # 构建模型对象
2   clf = tree.DecisionTreeClassifier(criterion='entropy',max_depth=3, random_state=42)
    # 基于训练集训练模型
3   clf = clf.fit(x_train, y_train)
```

（2）决策树模型评估

下面用构建的决策树模型来预测测试集中的数据，并以此来评价该模型的效果。

使用 score 函数对模型评分。代码如下：

```
    # 模型评分
1   clf.score(x_test, y_test)
```

运行结果如下：

0.7767857142857143

该结果为模型的准确率。下面使用混淆矩阵对模型进行评估。代码如下：

```
    # 导入混淆矩阵函数 confusion_matrix
1   from sklearn.metrics import confusion_matrix
    # 预测测试集数据
2   y_pred = clf.predict(x_test)
    # 混淆矩阵
3   confusion_matrix(y_test, y_pred)
```

运行结果如下：

array([[33, 16],
       [9, 54]])

混淆矩阵结果整理如下图所示。

		预测结果	
		未流失	流失
真实情况	未流失	33	16
	流失	9	54

从混淆矩阵可以看出，构建的决策树模型对真实流失客户的预测效果较好，63 个真实流失客户中预测准了 54 个，比例达 85.7%；但是对未流失客户的预测效果较差，49 个未流失客户中预测准了 33 个，比例为 67.3%。考虑健身俱乐部主要关心真实流失客户，以对客户进行挽留，所以该模型可以作为决策的依据。

（3）决策树可视化

在 Python 中，可以通过 sklearn.tree 模块中的 plot_tree 函数实现决策树的可视化。其调用格式如下：

```
plot_tree(decision_tree,*,max_depth=None,feature_names=None, class_names=None,impurity=True, fontsize=None,…)
```

plot_tree 函数的常用参数及说明如下表所示。

参 数	说 明
decision_tree	需要被可视化的决策树
max_depth	需要被可视化的决策树的最大深度
feature_names	每个特征的名称
class_names	目标变量的类别名，按升序排列
impurity	是否显示基尼系数或信息熵的值
fontsize	文字大小

构建决策树并将结果可视化。代码如下：

```
1   import matplotlib.pyplot as plt
2   plt.rcParams["font.family"] = 'SimHei'
3   plt.figure(dpi=1200,figsize=(10,8))
    #获取各特征的名称，顺序同训练集列名顺序
4   feature_names = [' 最近一次健身的日期距离当前日期的天数 ',' 有无私教 ',' 平均每周健身次数 ']
    #获取分类的名称
5   class_names = [' 未流失 ',' 流失 ']
    #决策树结果可视化
6   tree.plot_tree(clf, feature_names=feature_names,class_names=class_names,impurity=False,fontsize=12)
```

运行结果如下页图所示。

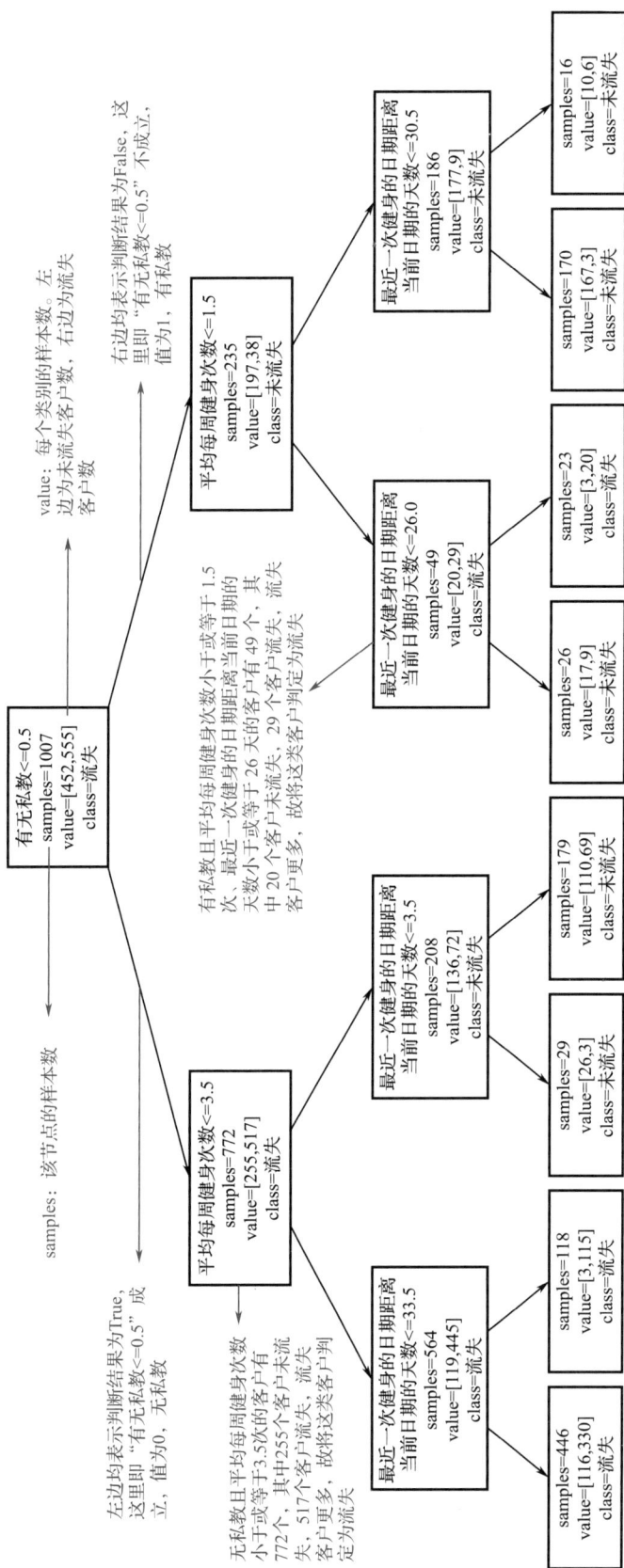

（4）客户流失预警

使用决策树模型的 predict 预测方法，对健身客户进行流失预测。代码如下：

```
    #添加待预测客户数据，其中 personal_trainers 字段数据用 0 和 1 替代
1   df_predict=pd.DataFrame({'recently':[28,8,22,11,9],
                             'personal_trainers':[0,0,1,1,1],
                             'frequence':[0,2,1,3,2]})
2   clf.predict(df_predict)
```

运行结果如下：

array([1, 1, 0, 0, 0])

根据模型结果，对健身客户流失情况的预测结果如下表所示。

user_ID	recently	personal_trainers	frequence	type
3124	28	无	0	流失
3125	8	无	2	流失
3126	22	有	1	未流失
3127	11	有	3	未流失
3128	9	有	2	未流失

4 编写分析报告

健身客户流失预警

● 分析目的：对可能流失的健身客户进行预测，防止流失。

● 数据来源：健身俱乐部采集的客户数据。

一、健身客户流失分析

基于决策树模型，有 77.7% 的预测准确率，特别是对于流失客户的预测准确率达到了 85.7%，预测效果较好。

通过模型结果分析，有了"有私教且平均每周健身次数大于 1.5 次的客户的未流失比例接近 95%（177÷186×100%），而有私教且平均每周健身次数小于或等于 1.5 次的客户的流失比例接近 60%"的结论。这个分析结果和日常经验是非常吻合的：有私教且能够坚持训练的客户较不易流失，不坚持训练的客户即使有私教也容易流失。

另一个明显的结论是，"无私教且平均每周健身次数小于或等于 3.5 次的客户中，接近 67%（517÷772×100%）的客户流失；无私教，但是平均每周能够坚持锻炼 3.5 次以上的客户中，65% 未流失"。现实中，如果没有私教的督促，客户又不经常来锻炼，久而久之，该客户确实容易流失。这个分析结果也是和日常经验相吻合的。具体数据如下页图所示。

横向比较来说，有私教的客户虽然每周训练次数相对无私教的更少，但是因为私教的作用，他们的留存率更高。

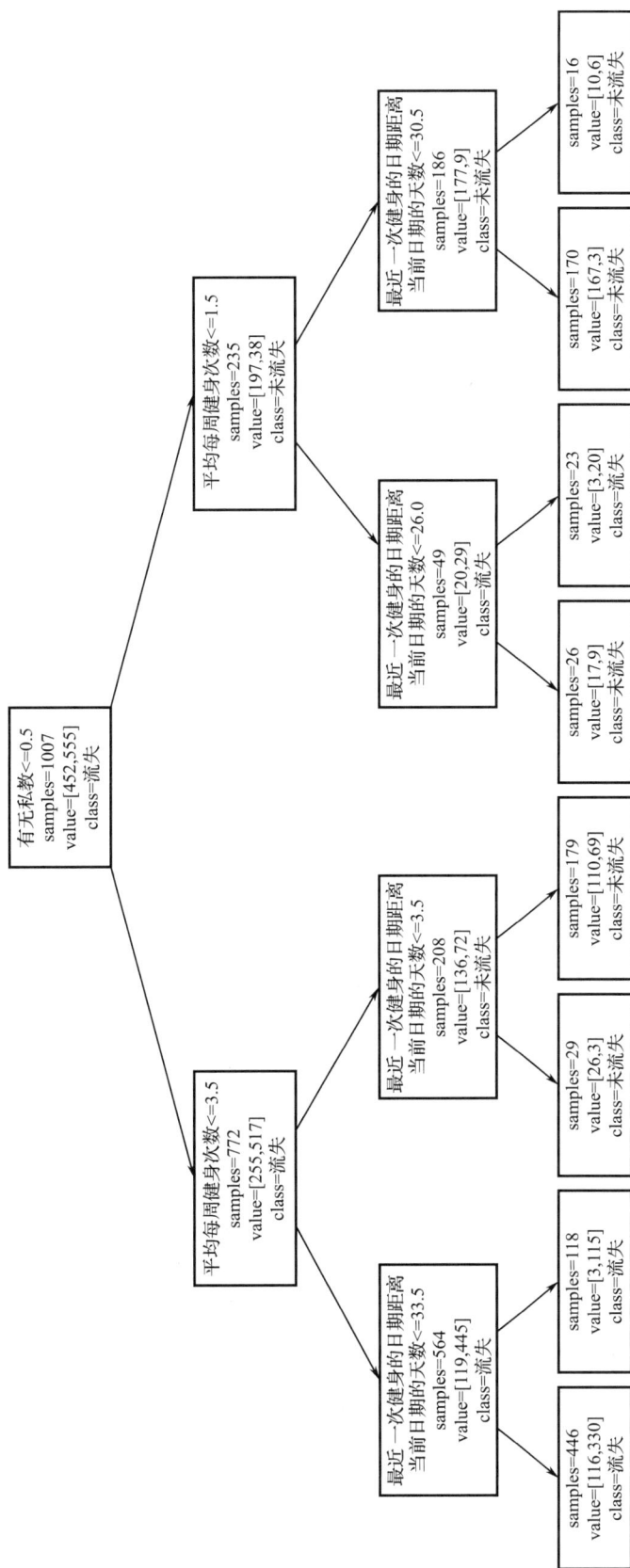

二、健身客户流失预测

通过决策树建立的客户流失预警模型，实现了可以根据客户行为特征对流失情况进行预测。对部分客户的流失预测结果如下表所示。

客户 ID	最近一次健身的日期距离当前日期的天数	有 无 私 教	平均每周健身次数	流失预测
3124	28	无	0	流失
3125	8	无	2	流失
3126	22	有	1	未流失
3127	11	有	3	未流失
3128	9	有	2	未流失

三、建议

根据以上分析结果，健身俱乐部若想留住客户，一方面可以通过改善健身俱乐部的环境及服务态度，吸引更多的客户来训练；另一方面可以通过提升教练水平，吸引客户办理私教服务，进一步提升客户的留存率。

展示与分享

分组完成任务后，每组派代表上台讲解完成情况，分享得失和经验教训，其余组给出评价，教师综合点评。

4.5 实践应用

某汽车公司最近推出了一款电动汽车。

为了研究客户对该电动汽车的购买意愿，制定相应的销售策略，销售部门采集了 157 位客户的个人特征信息（数据文件：汽车客户个人特征数据 .xlsx）。部分数据如下页第 1 个表所示。

客户编号	A1	A2	A3	A4	A5	A6	A7	A8	A9	A10	A11	A12	购买意愿
1	2	29	1	8	5	6	31	8	4	25	10	13	1
2	2	40	1	15	4	5	41	6	15	30	19	13	1
3	2	38	1	11	5	6	40	6	16	36	24	30	1
4	2	26	1	3	2	3	29	6	7	16	11	11	0
5	2	30	3	2	1	6	31	5	8	18	6	8	0

表中的数据字段说明如下。

客户编号：客户唯一编号。

A1：户口情况。1 表示户口在老家，2 表示户口在本市，3 表示其他。

A2：在本市居住月数。

A3：居住区域。1 表示市中心，2 表示非市中心的城区，3 表示城乡接合部，4 表示县城，5 表示乡镇中心地带，6 表示农村其他地区。

A4：驾龄。

A5：家里人口数 [指经常居住在一起的家庭成员人数（不包括保姆）]。

A6：婚姻 / 家庭情况。1 表示"未婚，单独居住"，2 表示"未婚，与父母同住"，3 表示"已婚 / 同居但无子女，二人世界"，4 表示"已婚 / 同居但无子女，与父母同住"，5 表示"已婚且有子女，不与父母同住"，6 表示"已婚且有子女，与父母同住"，7 表示"离异 / 丧偶"，8 表示"其他"。

A7：年龄。

A8：最高学历。1 表示"未受过正式教育"，2 表示"小学"，3 表示"初中"，4 表示"高中 / 中专 / 技校"，5 表示"大专"，6 表示"本科"，7 表示"双学位本科 / 研究生"，8 表示"双学位本科 / 研究生以上"。

A9：工作年限（从毕业后正式参加工作到现在为止）。

A10：家庭年收入（万元）。

A11：个人年收入（万元）。

A12：家庭可支配年收入，包括娱乐、购物、生活费、交通费等支出，不包括房贷、车贷、水电费、子女学费等每月固定支出。

购买意愿：1 表示有购买意愿，0 表示没有购买意愿。

具体实践内容如下。

实践 1：将数据集按照 9 ∶ 1 的比例划分为训练集和测试集，对训练集建立决策树模型，并用测试集评估模型。

实践 2：根据下表中客户的个人特征信息，预测其购买该电动汽车的意愿。

客户编号	A1	A2	A3	A4	A5	A6	A7	A8	A9	A10	A11	A12
1	2	40	1	15	4	5	41	6	17	21	12	13
2	2	30	1	3	4	5	31	6	7	37	23	34

续表

客户编号	A1	A2	A3	A4	A5	A6	A7	A8	A9	A10	A11	A12
3	2	29	2	8	5	6	31	8	4	22	6	7
4	2	48	1	16	3	5	50	5	25	70	50	50
5	2	35	2	13	4	5	36	6	13	25	10	13

（参考 4.4 节的知识点：Python 中决策树的实现）

实践 3：绘制模型结果的决策树图形。

（参考 4.4 节的知识点：Python 中决策树的可视化）

4.6　后测

注意：要求在 40 分钟内完成，并完成下页的学习报告单。

问题 1：下图是某小型贷款公司根据贷款客户的信息（有无房产、信用评级、收入、有无逾期还款情况及其概率）建立的关于客户有无逾期还款可能的决策树。根据决策树，该公司是否该对甲（无房产、信用评级好、收入高）和乙（无房产、信用评级一般、收入高）两名客户进行放款？（对应知识目标：理解决策树模型的原理，10 分）

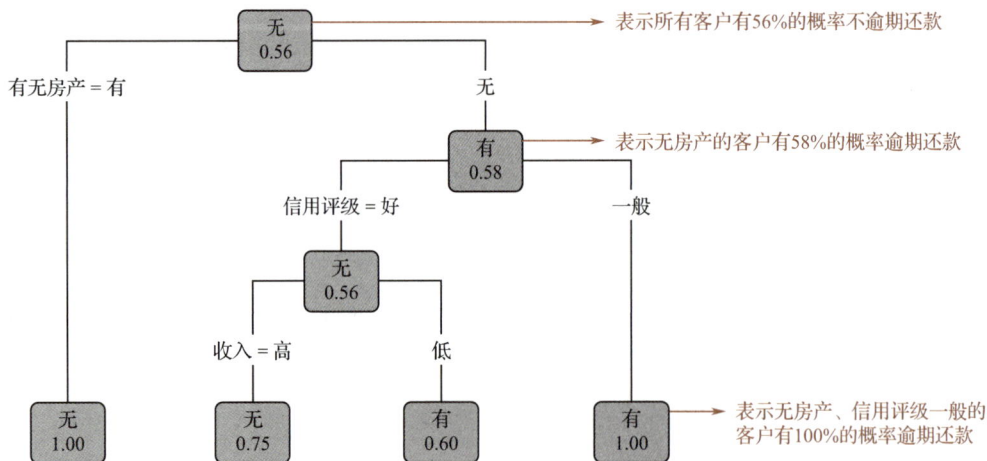

问题 2：基于如下代码，提取 Python 的 sklearn.datasets 模块中葡萄酒（wine）数据集的特征变量（葡萄酒特征）和目标变量（葡萄酒类别），建立决策树分类模型，预测葡萄酒的种类。

```
   # 导入相关模块
1  from sklearn.datasets import load_wine
   # 导入葡萄酒（wine）数据集
2  wine=load_wine()
   # 特征变量
```

```
3  wine_feature=wine['data']
   # 目标变量
4  y=wine['target']
```

（1）将数据集按照 9 ：1 的比例划分为训练集和测试集。

（2）基于训练集建立决策树模型，并将其可视化。

（3）利用测试集数据评估模型。

（4）利用模型对测试集的葡萄酒进行种类鉴定。

（对应技能目标：能够使用 Python 创建并应用决策树模型，能够对决策树模型进行可视化展示，30 分）

学习报告单

学习目标完成度（5 分制）： □素质目标： □知识目标： □技能目标：
前测成绩：　　　　　　　　　　　　　　　　　　（排名　/　） □问题：
后测成绩：　　　　　　　　　　　　　　　　　　（排名　/　） □问题 1： □问题 2：
任务完成情况（5 分制）： □知识理解： □团队协作： □结果呈现： □表现分享：

4.7 拓展学习

推荐资源

决策树的生成

1. 特征选取顺序

以是否打羽毛球案例为例，构建决策树时，不同的特征变量选取顺序可以产生不同的结果。比如，可以先选择"时间是否充裕"特征（见左下图），也可以先选择"是否有风"特征（见右下图）。

构造决策树的关键问题是在每步如何选择"最优"的特征。随着划分过程的不断进行，会希望决策树的分支节点所包含的样本尽可能属于同一类别，即节点的纯度越来越高。

信息熵是度量数据集 D 的纯度时常用的一个指标。其公式如下：

$$H(D) = -\sum_{i=0}^{n} P(x_i) \log_2 P(x_i)$$

信息熵越小，数据集的纯度越高。熵是信息的期望值。

2. 信息值

信息值可简单理解为信息的价值，那么信息的价值是什么呢？假如你生活在沿海地区，我告诉你一个小时内没有海啸，这个信息的价值就很低，因为发生海啸的概率本来就很低。但是，如果我告诉你一个小时内即将发生海啸，这个信息的价值就很高，因为我预测了一个小概率事件。这就是信息的价值，发生概率越小的信息，价值越高。

信息值可以用如下公式表达：

$$l(x_i) = -\log_2 P(x_i)$$

信息值与概率的直接关系如下图所示。

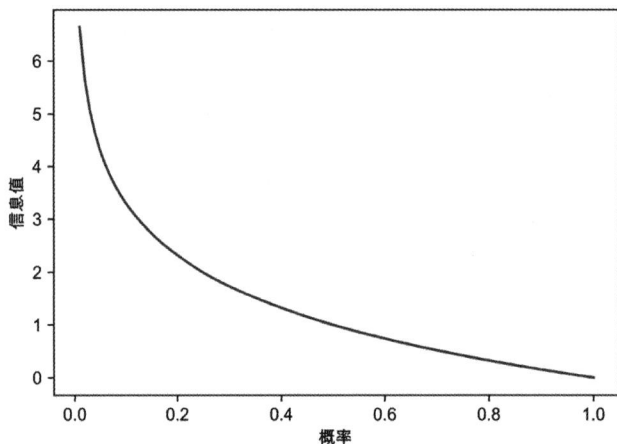

可以看到，随着概率的增大，信息值在降低。

3. 信息增益

如果数据集 D 中，某个特征 α 有 v 个不同的取值 $\{\alpha_1, \alpha_2, \cdots, \alpha_i, \cdots, \alpha_v\}$。如果使用特征 α 对数据集 D 进行划分，那么会产生 v 个分支节点，其中第 i 个分支节点包含了数据集 D 中所有在特征 α 上取值为 α_i 的样本，记为 D_i。考虑不同分支节点的样本数不同，赋予分支节点权重为 $|D_i|/|D|$，$|D_i|$ 表示取值为 α_i 的样本数，$|D|$ 表示数据集 D 的样本数，即样本数越多的分支节点的影响越大。定义特征 α 对数据集 D 进行划分所获得的信息增益如下：

$$G(D, \alpha) = H(D) - \sum_{i=1}^{v} \frac{|D_i|}{|D|} H(D_i)$$

通常，信息增益越大，使用特征 α 来划分数据集所获得的"纯度"越高。所以我们可以用信息增益来选取决策树划分的特征顺序。

案例演示

下面我们以是否打羽毛球为例，演示决策树特征选取过程。下表是包含 15 个是否打羽毛球的案例，有 3 个特征：时间是否充裕、是否有风、有无球网；案例类别为是否打球，有两个取值：打球和不打球。

是否打羽毛球数据表

编号	时间是否充裕	是否有风	有无球网	是否打球
1	否	大风	无	不打球
2	否	微风	无	不打球
3	否	微风	有	打球
4	是	大风	有	打球
5	否	大风	无	不打球
6	否	大风	无	不打球
7	否	微风	无	不打球
8	是	微风	有	打球
9	是	无风	无	打球
10	是	无风	无	打球
11	是	无风	无	打球
12	是	微风	无	打球
13	否	微风	有	打球
14	否	无风	无	打球
15	否	大风	无	不打球

羽毛球数据集 D 中的样本数 $|D|=15$。样本类别（即是否打羽毛球）有两个取值：打球和不打球，其样本数分别为：9 和 6，占比分别为 $\frac{9}{15}$ 和 $\frac{6}{15}$。所以根结点的信息熵为：

$$H(D) = -\sum_{i=0}^{2}P(x_i)\log_2 p(x_i) = -\left(\frac{9}{15}\log_2\frac{9}{15} + \frac{6}{15}\log_2\frac{6}{15}\right) = 0.971$$

然后我们计算当前可选特征（时间是否充裕、是否有风、有无球网）中每个特征的信息增益。以"是否有风"为例，它有 3 个取值：{无风，微风，大风}。如果使用该特征对数据集 D 进行划分，将得到 3 个子数据集分别为无风 D_1，微风 D_2 和大风 D_3。分类结果如下表：

是否有风特征分类表

特征：是否有风	样本编号	样本数	打球 C_1		不打球 C_2	
无风 D_1	{9,10,11,14}	$|D_1|=4$	$|C_{11}|=4$	$\frac{|C_{11}|}{|D_1|}=\frac{4}{4}$	$|C_{12}|=0$	$\frac{|C_{21}|}{|D_1|}=0$
微风 D_2	{2,3,7,8,12,13}	$|D_2|=6$	$|C_{21}|=4$	$\frac{|C_{21}|}{|D_2|}=\frac{4}{6}$	$|C_{22}|=2$	$\frac{|C_{22}|}{|D_2|}=\frac{2}{6}$
大风 D_3	{1,4,5,6,15}	$|D_3|=5$	$|C_{31}|=1$	$\frac{|C_{31}|}{|D_3|}=\frac{1}{5}$	$|C_{32}|=4$	$\frac{|C_{32}|}{|D_3|}=\frac{4}{5}$

所以每个可选值的信息熵为：

$$H(D_1) = -\left(\frac{|C_{11}|}{|D_1|}\log_2\frac{|C_{11}|}{|D_1|} + \frac{|C_{12}|}{|D_1|}\log_2\frac{|C_{12}|}{|D_1|}\right) = -\left(\frac{4}{4}\log_2\frac{4}{4} + 0\log_2 0\right) = 0$$

$$H(D_2) = -\left(\frac{|C_{21}|}{|D_2|}\log_2\frac{|C_{21}|}{|D_2|} + \frac{|C_{22}|}{|D_2|}\log_2\frac{|C_{22}|}{|D_2|}\right) = -\left(\frac{4}{6}\log_2\frac{4}{6} + \frac{2}{6}\log_2\frac{2}{6}\right) = 0.918$$

$$H(D_3) = -\left(\frac{|C_{31}|}{|D_3|}\log_2\frac{|C_{31}|}{|D_3|} + \frac{|C_{32}|}{|D_3|}\log_2\frac{|C_{32}|}{|D_3|}\right) = -\left(\frac{1}{5}\log_2\frac{1}{5} + \frac{4}{5}\log_2\frac{4}{5}\right) = 0.722$$

那么特征"是否有风"的信息增益为：

$$G(D, 是否有风) = H(D) - \sum_{i=1}^{3}\frac{|D_i|}{|D|}H(D_i) = 0.971 - \left(\frac{4}{15}\times 0 + \frac{6}{15}\times 0.918 + \frac{5}{15}\times 0.722\right) = 0.363$$

同样的，我们可以计算出其它特征的信息增益为：

$$G(D, 时间是否充裕) = 0.420$$

$$G(D, 有无球网) = 0.242$$

显然，"时间是否充裕"特征的信息增益最大，所以选择该特征划分当前结点，划分结果如下：

然后，决策树将对每一个分支结点做进一步的划分，以上图中第一个分支结点（"时间是否充裕＝否"）为例，该结点包含的数据集 D^1 中有编号为 {1,2,3,5,6,7,13,14,15} 的 9 个样本，可选特征有 {是否有风，有无球网}。基于 D^1 计算出各特征的信息增益：$G(D^1, 是否有风)$ 和 $G(D^1, 有无球网)$，然后选择信息增益最大的特征划分数据集 D^1。类似的，对每个分支结点进行上述操作，最终得到完整的决策树。

4.8　回顾与反思

💡提示：每个知识点与技能点学习完成后，边回忆边写学习笔记，将所学知识、技能、个人感想及可分享资源记录下来，再将整个"知识与技能学习"模块的逻辑关系绘制成思维导图。

第5章
客户群体特征分析：
K– 均值聚类

5

素质目标：培养数据安全意识，养成良好的数据安全职业道德。

知识目标：理解聚类的思想、K均值算法的原理，掌握K均值算法的应用场景。

技能目标：能够构建K均值模型实现聚类问题，能够绘制雷达图。

导入：大学开学，社团纳新上演"百团大战"，各个社团使出浑身解数吸引新同学。喜欢动漫的同学加入了动漫社，喜欢滑板的同学加入了滑板社，喜欢摄影的同学加入了摄影社等。社团的成员不受年级和学科的限制，由兴趣爱好相似的同学组成。

5.1 前测

前置知识要求：数据标准化、数据可视化方法（散点图和直方图）。本测试要求在 20 分钟内完成，并完成下页的学情分析单。

问题 1：对下列代码中的数据 x 进行标准化处理。（数据标准化知识，10 分）

```
1    import numpy as np
2    x=np.array([[7000,32],
                  [5700,28],
                  [4600,25],
                  [3400,21]])
```

问题 2：根据下列代码中的数据 x 和 y，分别以 x[:, 0] 和 x[:, 1] 为横纵坐标，以 y 为颜色类别绘制散点图。（数据可视化方法：散点图，10 分）

```
1    from sklearn.datasets import make_blobs
2    x, y = make_blobs(n_samples=1500, random_state=1)
```

问题 3：根据下列代码中的数据 data 绘制直方图，要求横坐标在 [0,20] 的区间内均分为 20 份，进行可视化。（数据可视化方法：直方图，15 分）

```
1   import numpy as np
2   data=np.random.normal(10,2,500)
```

学情分析单

前置知识：	5	4	3	2	1
前置技能（经验）：	5	4	3	2	1
学习动机：					
学习风格与特征：					

5.2　概念理解

◎ 聚类

在社团纳新的过程中，同学们根据共同的兴趣爱好组成了一个个社团，这种"物以类聚，人以群分"的现象就是聚类。

聚类是根据相似性对样本进行分类的一种方法，使同类别的样本有较高的相似性，不同类别的样本有较低的相似性。每个类别称为一个簇。一般用距离来衡量相似性的高低（见下图）。

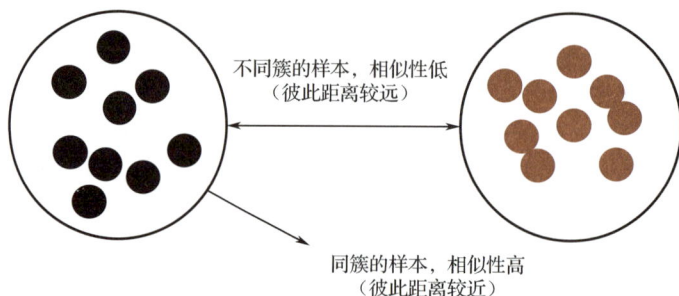

实现聚类的方法有很多，常用的有 K 均值聚类、K 中心点聚类、密度聚类、层次聚类等。

5.3　任务单

某商场尝试对会员客户进行分析，了解不同类型的客户的特征，以便针对不同类别的会员客户制定不同的营销策略，实现精准营销。

部分数据如下表所示。

customer_ID	age	annual_income	spending_score
1	19	5	39
2	21	5	81
3	20	5	6
4	23	5	77
5	31	6	40

表中的数据字段说明如下。

customer_ID：客户编号。

age：年龄。

annual_income：年收入（万元）。

spending_score：消费积分，范围为 1 ～ 100。

具体任务如下。

任务 1：对客户的基本信息进行分析，包括分析客户年龄、年收入、消费积分的分布情况，分析年龄、年收入与消费积分之间的关系等。

任务 2：利用 K 均值模型进行聚类分析，对客户进行聚类。

任务 3：对聚类结果进行可视化（雷达图）分析，探索每类客户的特征。

5.4　知识与技能学习

- K 均值聚类。
- Calinski-Harabasz Index（CH 指数）。
- K 均值聚类的 Python 实现。
- 雷达图。

1　业务需求理解

本案例需要对客户进行聚类，了解不同类型的客户的特征，以便向营销团队提供意见，针对不同类别的会员客户制定不同的营销策略，实现精准营销，助力商场利润目标最大化。

由于客户没有已知的分类类型，即分类标签，所以这是一个无监督学习的问题。对于此类问题，可以考虑使用聚类的方法，根据客户特征的相似性分为不同的类别。在聚类之前，首先应该对数据进行初步探索，即了解客户的数据分布特征。

进行数据探索时，首先可以利用直方图，从年龄、年收入和消费积分 3 个方面了解客户的分布特征。然后可以利用散点图，探索客户年龄与消费积分的关系、年收入与消费积分的关系，从而分析不同年龄和收入的客户的消费能力。

完成了数据探索后，可以利用 K 均值聚类实现对客户的聚类。利用描述性统计分析和雷达图展示聚类结果，便于分析客户类别特征。

这里介绍常用的 K 均值算法，来实现客户的聚类。

（1） K 均值算法的概念

K 均值算法，即 KMeans 算法，以距离作为相似性的衡量指标，两个样本的距离越近，则认为两个样本的相似性越高。在计算距离之前，常需要对数据进行标准化处理，避免量纲的影响。

（2） K 均值算法的原理

在 K 均值算法中，同一簇 v 被称为中心点，即每个簇内所有数据点之间距离的平均值。下图展示了用 K 均值聚类方法将 10 个点聚类为 3 类的具体实现过程，其中实心符号表示聚类中心点。

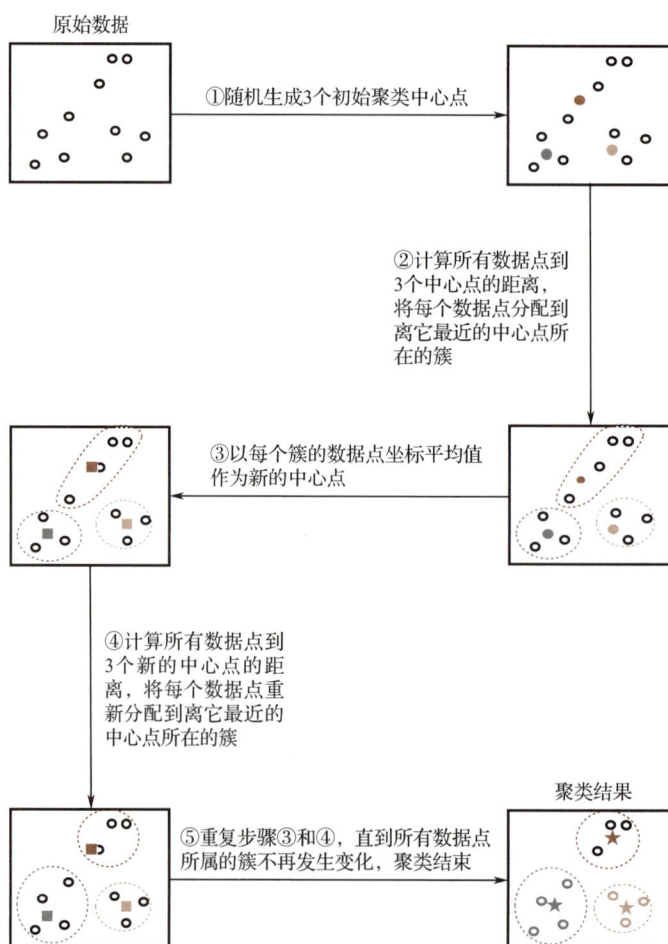

K 均值算法演示
（推荐使用："高斯混合"数据）

▶ **K 均值算法的"牧师—村民模型"解释**

有 4 个牧师去郊区布道，一开始牧师们随意选了几个布道点，并且把这几个布道点的情况告知了郊区所有的村民，每个村民可以到离自己家最近的布道点去听课。听课之后，大家觉得距离太远了，于是每个牧师统计了自己课上所有村民的地址，搬到了所有地址的中心地带，并且在海报上更新了布道点。牧师一次的移动不可能使所有人更近，有的人发现 A 牧师移动以后，去 B 牧师处听课更近，于是村民又去了离自己最近的布道点。就这样，牧师每个礼拜都更新布道点，村民根据自己的情况选择布道点，最终稳定了下来。

（3）使用 K 均值算法的注意事项

① K 均值对初始中心点的位置敏感

初始中心点的位置不同，可能会产生不同的聚类结果，如下图所示。

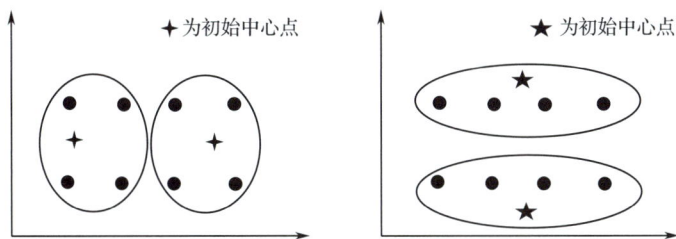

② K 均值对 K 值的设置敏感

通过前面对 K 均值算法的学习，可以知道 K 均值的 K 值（聚类个数）是事先设置好的，但是需要注意，不同的 K 值会产生不同的聚类结果，如下图所示。

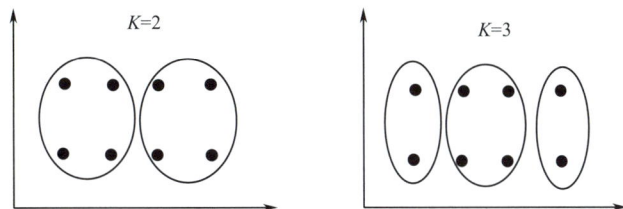

（4）K 值的选择

该如何选择 K 值呢？

① 结合散点图、先验知识等

例如，某样本分布如下页图所示，根据样本的分布，可以考虑选择 K=2，将数据聚类为 2 个簇。

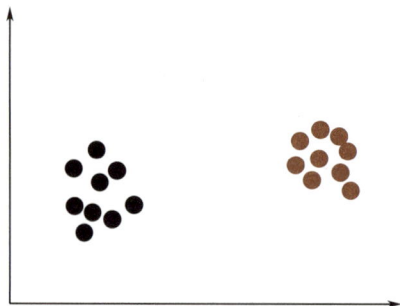

② 参考 CH 指数

对于很多分布并不规则、数据维度多、肉眼难以分辨的样本数据，可以参考 CH 指数选择 *K* 值。

通过计算簇中各点与中心点距离的平方和来度量簇内的紧密度，通过计算各簇中心点与数据集中心点距离的平方和来度量数据集的分离度，CH 指数由分离度与紧密度的比值得来。CH 指数越大，代表着簇自身越紧密，簇与簇之间越分散，即聚类结果越优。

2 数据采集与预处理

（1）读取数据

将 csv 格式的数据导入 Python。代码如下：

```
# 读取数据
1   import pandas as pd
2   df=pd.read_csv(' 客户数据 .csv')
```

（2）数据初探

为了对数据有个初步的了解，首先要进行描述性统计。代码如下：

```
# 描述性统计
1   df.describe()
```

得到的描述性统计结果如下表所示。

	customer_ID	age	annual_income	spending_score
count	200.000000	200.000000	200.000000	200.000000
mean	100.500000	38.850000	20.170000	50.200000
std	57.879185	13.969007	8.781038	25.823522
min	1.000000	18.000000	5.000000	1.000000
25%	50.750000	28.750000	13.750000	34.750000
50%	100.500000	36.000000	20.500000	50.000000
75%	150.250000	49.000000	26.000000	73.000000
max	200.000000	70.000000	46.000000	99.000000

从描述性统计结果可以看到，数据集一共包含 200 个客户的样本数据，其中，年龄分布在 18 ～ 70 岁，年收入分布在 5 万～ 46 万元，消费积分分布在 1 ～ 99 分。

① 客户年龄分布

为了便于观察，将客户年龄以 10 年为一组进行分组，绘制直方图。代码如下：

```
1   import numpy as np
2   import matplotlib.pyplot as plt
    # 设置中文字符
3   plt.rcParams["font.family"] = 'SimHei'
    # 提取年龄数据
4   age=df["Age"]
    # 将年龄分成 6 组，绘制直方图。bins 参数为直方图每组端点横坐标
    #color='#7bbfea' 为采用 RGB 颜色对照表（16 位）配色，颜色对照表可自行上网查询
5   p=plt.hist(age,bins=np.linspace(10,70,7),edgecolor='black',color='#7bbfea')
    # 设置 X 轴标签为"年龄"
6   plt.xlabel (' 年龄 ')
    # 设置 Y 轴标签为"客户数"
7   plt.ylabel (' 客户数 ')
    # 标注直方图标题
8   plt.title(' 客户年龄分布 ')
    # 直方图数字标签设置
9   for x,y in zip(p[1][:-1],p[0]):
10      plt.text(x+5, y+0.5, '%.0f'%y)
```

运行结果如下图所示。

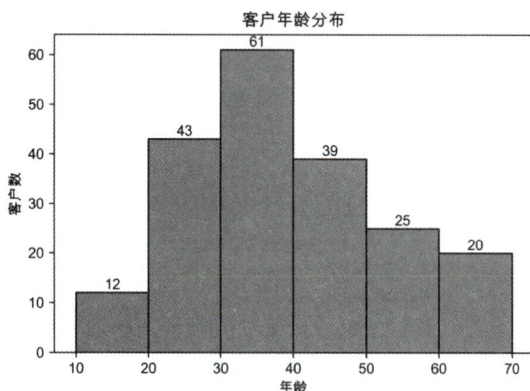

由上图可见：客户年龄主要集中在 20 ~ 50 岁，其中，30 ~ 40 岁年龄段人数最多，反映出中青年是主要客户来源。

② 客户年收入分布

为了便于观察，将客户年收入以 5 万元为一组进行分组，绘制直方图。代码如下：

```
    # 提取年收入数据
1   income=df["Annual_Income"]
    # 将年收入分成 9 组，绘制直方图
2   p=plt.hist(income,bins=np.linspace(5,50,10),edgecolor='black',color='#7bbfea')
3   plt.xlabel (' 年收入 ')
4   plt.ylabel (' 客户数 ')
5   plt.title(' 客户年收入分布 ')
6   for x,y in zip(p[1][:-1],p[0]):
7       plt.text(x+2, y+0.5, '%.0f'%y)
```

运行结果如下图所示。

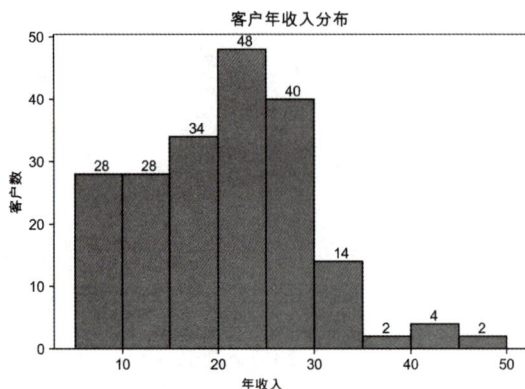

年收入方面，大多处于 5 万～ 30 万元，年收入超过 30 万元的客户数急剧减少。

③ 客户消费积分分布

为了便于观察，将客户按消费积分平均分为 10 个组，绘制直方图。代码如下：

```
    # 提取消费积分数据
1   score=df["Spending_Score"]
    # 将消费积分分成 10 组，绘制直方图
2   p=plt.hist(score,bins=np.linspace(0,100,11),edgecolor='black',color='#7bbfea')
3   plt.xlabel(' 消费积分 ')
4   plt.ylabel(' 客户数 ')
5   plt.title(' 客户消费积分分布 ')
6   for x,y in zip(p[1][:-1],p[0]):
7       plt.text(x+5, y+0.5, '%.0f'%y)
```

运行结果如下图所示。

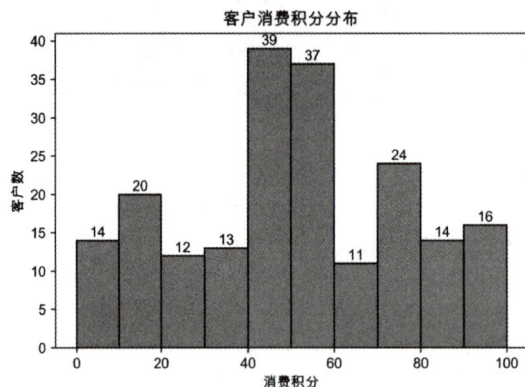

在消费积分方面，主要集中在 40 ～ 60 积分，客户消费能力一般。

接下来，利用散点图来探索客户年龄和年收入与消费积分之间的关系。

④ 年龄与消费积分之间的关系

绘制年龄与消费积分的散点图。代码如下：

```
    # 绘制年龄与消费积分的散点图
1   plt.scatter(age,score)
2   plt.xlabel(' 年龄 ')
```

```
3    plt.ylabel(' 消费积分 ')
4    plt.title(' 年龄与消费积分间关系 ')
```

运行结果如下图所示。

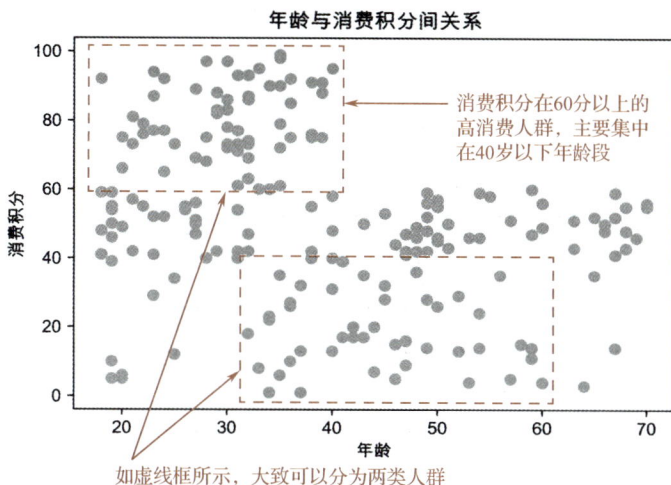

如虚线框所示，大致可以分为两类人群

⑤ 年收入和消费积分之间的关系

绘制年收入和消费积分之间的关系的散点图。代码如下：

```
#绘制年收入与消费积分的散点图
1    plt.scatter(income,score)
2    plt.xlabel(' 年收入 ')
3    plt.ylabel(' 消费积分 ')
4    plt.title(' 年收入与消费积分间关系 ')
```

运行结果如下图所示。

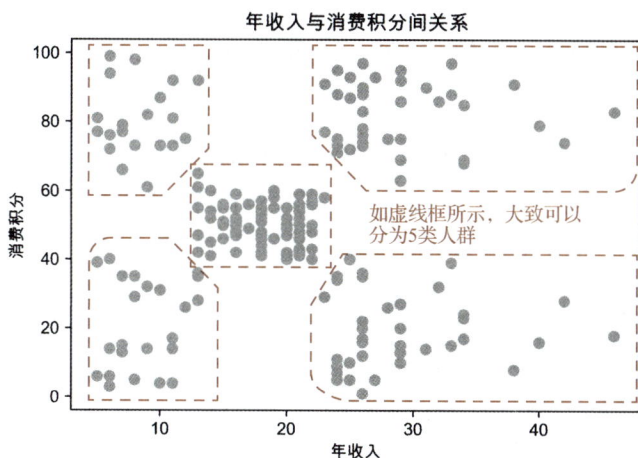

（3）数据标准化处理

对客户特征有了基本的了解后，将利用 K 均值算法对客户进行聚类。在聚类之前，需对数据进行标准化处理。代码如下：

```
1    from sklearn import preprocessing
```

```
2    norm_df = preprocessing.scale(df.iloc[:, 1:])
```

3 数据建模与评估

（1）K 均值聚类的 Python 实现

在 Python 中，可以利用 sklearn.cluster 模块中的 KMeans 函数创建 K 均值模型。其调用格式如下：

```
KMeans(n_clusters=8, random_state=None, …)
```

KMeans 函数的常用参数及说明如下表所示。

参　　数	说　　明
n_clusters	聚类的簇数（K 值）
random_state	决定初始化中心点的随机种子

KMeans 函数的一些配套使用方法及说明如下表所示。

方　　法	说　　明
fit(X)	计算聚类
fit_predict(X)	计算聚类并预测每个样本点所属簇
predict(X)	预测每个样本点所属簇

对于聚类的结果，通过 labels_ 可以查看样本聚类所属簇的标签；通过 cluster_centers_ 可以查看聚类中心点位置。

（2）CH 指数的 Python 实现

sklearn 库中的 metrics.calinski_harabasz_score 函数可以计算 CH 指数。其调用格式如下：

```
metrics.calinski_harabasz_score(聚类的数据集, 聚类标签)
```

（3）选择 K 值

K 均值算法需要设定 K 值，首先可以利用 CH 指数。将 K 值进行迭代，选取 CH 指数最大时的 K 值。比如预计将客户最少分为两类，最多分为 10 类，则设定 K 值遍历 2～10 的整数区间进行迭代。代码如下：

```
     # 导入 KMeans 函数用于 K 均值聚类
1    from sklearn.cluster import KMeans
     # 导入 metrics 函数用于计算 CH 指数
2    from sklearn import metrics
     # 建立列表存储 CH 指数
3    chs = []
     # 建立列表存储 K 值
4    ks=[]
     # 遍历迭代
5    for k in range(2,11):
         # 取出 K 均值聚类结果
6    y_pred=KMeans(n_clusters=k,random_state=10).fit_predict(norm_df)
         # 计算 CH 指数
```

```
7        ch=metrics.calinski_harabasz_score(norm_df,y_pred)
8        ks.append(k)
9        chs.append(ch)
        # 将 K 值和 CH 指数存储到 result 中
10   result=pd.DataFrame({'k':ks,'ch':chs})
        # 找出 CH 指数最大时的 K 值
11   result[result['ch']==max(result['ch'])]
```

运行结果如下：

	k	ch
4	6	134.943997

将不同 K 值所对应的 CH 指数可视化。代码如下：

```
    # 可视化 CH 指数
1   plt.plot(ks, chs)
```

运行结果如下图所示（横坐标为 K 值，纵坐标为 CH 指数）。

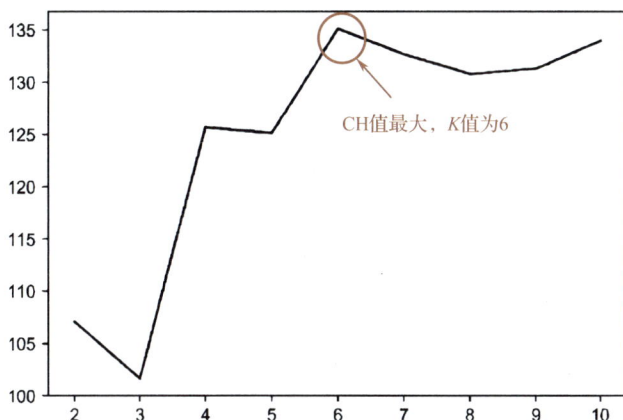

通过结果可以看出，最大的 CH 指数出现在 K 值为 6 的时候，所以接下来将客户聚类为 6 类。

（4）建立 K 均值模型

根据上面的结果，按 6 类建立 K 均值模型。代码如下：

```
    # 按 6 类进行聚类
1   model = KMeans(n_clusters=6, random_state=10).fit(norm_df)
    # 添加聚类的类别标签
2   df['group'] = model.labels_
    # 获取聚类的中心点
3   centers=model.cluster_centers_
    # 查看聚类标签
4   df['group'].head()
```

对聚类结果进行描述性统计。代码如下：

```
1   df.iloc[:,1:].groupby('group').describe().T
```

返回的描述性统计分析结果如下表所示。

		0	1	2	3	4	5
age	count	39	21	23	34	38	45
	mcan	32.69	45.52	25.00	41.26	27.00	56.33
	std	3.73	11.77	5.30	10.77	7.03	8.45
	min	27	20	18	19	18	43
	25%	30	36	21	34.5	21	49
	50%	32	46	23	42.5	26.5	54
	75%	35.5	53	29.5	47	31.75	65
	max	40	67	35	59	40	70
annual_income	count	39	21	23	34	38	45
	mean	28.85	8.71	8.39	29.53	18.82	18.09
	std	5.47	2.45	2.57	5.52	3.35	3.01
	min	23	5	5	24	13	13
	25%	25	7	6	26	16	16
	50%	26	8	8	28.5	20	18
	75%	31.5	11	10.5	32.75	21	21
	max	46	13	13	46	25	26
spending_score	count	39	21	23	34	38	45
	mean	82.13	19.38	77.61	16.76	49.13	49.07
	std	9.36	12.56	13.27	9.88	7.85	6.30
	min	63	3	39	1	29	35
	25%	74.5	6	73	10	42	45
	50%	83	15	77	15.5	50	49
	75%	90	31	84.5	22.75	55	55
	max	97	40	99	39	61	60

由 count 字段可知，6 个类别的客户数分别为 39、21、23、34、38、45 人；由 mean 字段可知，每个客户类别在年龄、年收入、消费积分 3 个方面的平均值特征。

4 可视化

利用雷达图对聚类结果进行可视化分析。

pyecharts 库中的 Radar 函数可以实现雷达图的可视化。其配套的 add_schema 函数的调用格式如下：

add_schema (schema, shape, textstyle_opts,…)

add_schema 函数的常用参数及说明如下表所示。

参　　数	说　　明
schema	雷达指示器配置项列表
shape	雷达图绘制类型，可选 polygon 和 circle
textstyle_opts	文字样式配置项

其配套的 add 函数的调用格式如下：

add (series_name, data, is_selected, color, areastyle_opts,…)

add 函数的常用参数及说明如下表所示。

参 数	说 明
series_name	系列名称，用于提示的显示和图例的筛选
data	系列数据项
is_selected	是否选中图例
color	系列颜色
areastyle_opts	区域填充样式配置项

下面利用雷达图对各客群的特征均值进行可视化处理。

首先统计各客群的特征均值，代码如下：

```
   #计算各客群特征均值
1  df_mean=df.iloc[:,1:].groupby('group').mean()
2  print(df_mean)
```

运行结果：

group	Age	Annual_Income	Spending_Score
0	32.69230769	28.84615385	82.12820513
1	45.52380952	8.714285714	19.38095238
2	25	8.391304348	77.60869565
3	41.26470588	29.52941176	16.76470588
4	27	18.81578947	49.13157895
5	56.33333333	18.08888889	49.06666667

绘制雷达图，代码如下：

```
1  from pyecharts import options as opts
2  from pyecharts.charts import Radar
   #提取第一个聚类类别数据
3  value_1=[df_mean.iloc[0,:].tolist(),]
   #提取第二个聚类类别数据
4  value_2=[df_mean.iloc[1,:].tolist(),]
5  value_3=[df_mean.iloc[2,:].tolist(),]
6  value_4=[df_mean.iloc[3,:].tolist(),]
7  value_5=[df_mean.iloc[4,:].tolist(),]
8  value_6=[df_mean.iloc[5,:].tolist(),]
   #配置每个系列的名称和最大取值（参考各特征的最大值和业务背景做取值选择）
9  c_schema = [
        {"name": " 年龄 ","max": 70},
        {"name":" 年收入 ", "max": 40},
        {"name":" 消费积分 ", "max": 100},
   ]
```

```
10  c=(Radar()
        .add_schema(schema=c_schema, shape="circle",textstyle_opts=opts.TextStyleOpts(color="#130c0e"),)
        # 添加聚类类别数据，opacity 为不透明度
        .add(" 客户群体 1",value_1,color="#d71345")
        .add(" 客户群体 2",value_2,color="#f47920")
        .add(" 客户群体 3",value_3,color="#7fb80e")
        .add(" 客户群体 4",value_4,color="#2a5caa")
        .add(" 客户群体 5",value_5,color="#8552a1")
        .add(" 客户群体 6",value_6,color="#ffc20e")
        # 不显示数据标签
        .set_series_opts(label_opts=opts.LabelOpts(is_show=False))
)
```
显示图片，若使用 Spyder 开发环境，可以用 c.render(" 客户群特征雷达图 .html") 代码将图片存储在当前工作路径所在文件夹，文件名为：客户群特征雷达图，格式为 html 格式，使用浏览器打开图片。
```
11  c.render_notebook()
```

运行结果如下图所示：

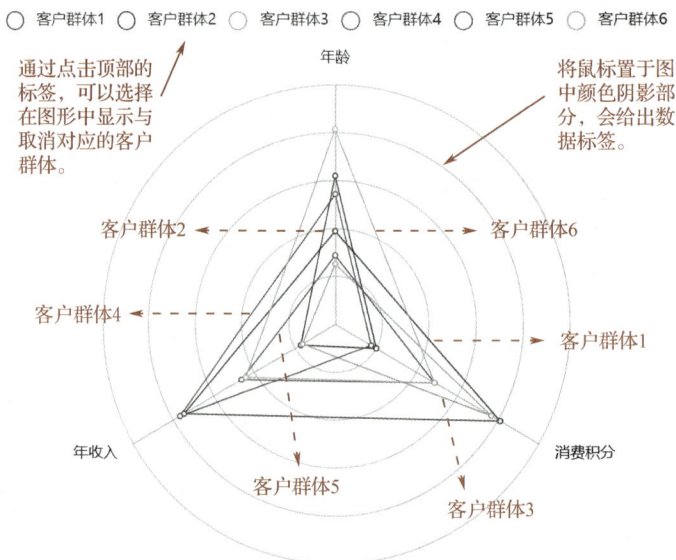

通过对雷达图进行分析可以得出 6 类客户的数据特征依次如下。

客户群体 1：青年人、高收入、高消费。

客户群体 2：中年人、低收入、低消费。

客户群体 3：青年人、低收入、高消费。

客户群体 4：中年人、高收入、低消费。

客户群体 5：青年人、中等收入、中等消费。

客户群体 6：中老年人、中等收入、中等消费。

5　编写分析报告

客户群体特征分析

● 分析目的：了解客户特征，将客户按特征分为不同的类别，以便实现精准营销。

● 数据来源：公司数据库，包含 200 个客户的数据。

一、客户整体情况

1. 客户年龄分析（见下图）

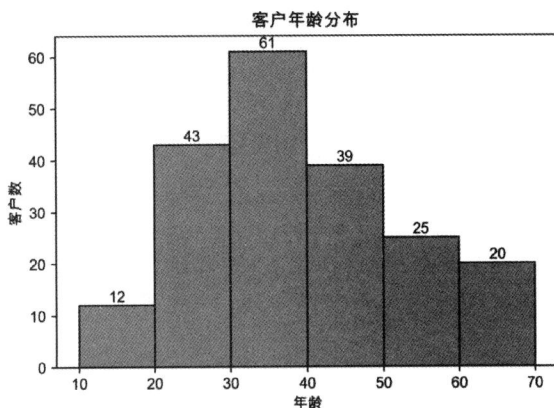

客户年龄分布

客户以中青年为主，年龄主要集中在 20 ~ 50 岁。

2. 客户年收入分析（见下图）

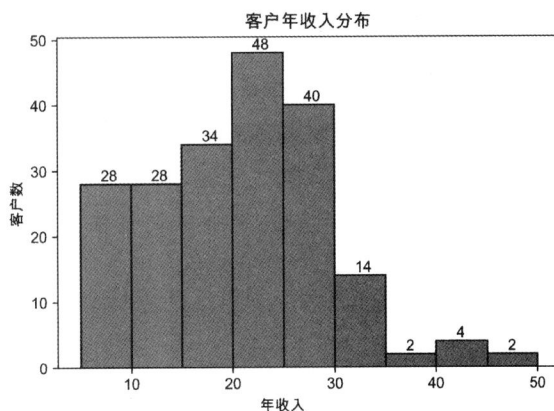

客户年收入分布

客户年收入偏低，主要集中在 5 万 ~ 30 万元，年收入超过 30 万元的客户数急剧减少。

3. 客户消费能力分析（见下图）

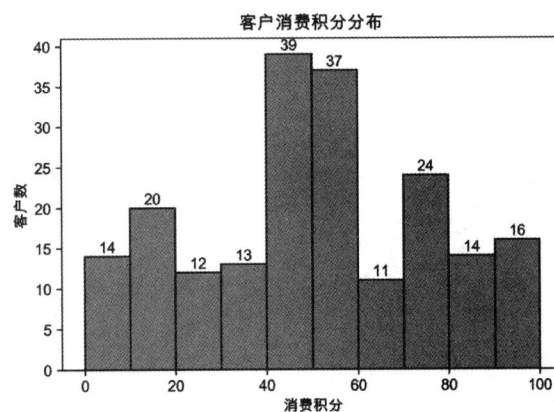

客户消费积分分布

　客户消费能力一般，主要集中在 40 ~ 60 积分，其中高消费的客户集中在 40 岁以下年龄段。

二、客户群体分析

基于 K 均值模型分析,将客户分为 6 个群体,可视化的结果如下图所示。

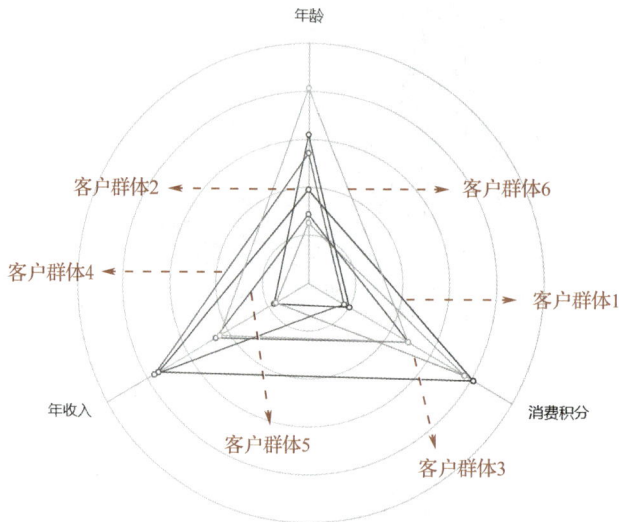

左图彩色版

● 客户群体 1 和 3 为优质青年客户,需要保持客户的黏性、忠诚度与满意度。

● 客户群体 2 和 4 为中年客户,消费能力偏低,可有针对性地发现其消费需求,提高其消费能力。

● 客户群体 5 和 6 为中等消费能力的两个群体,既有青年人又有中老年人,均具有一定的消费能力,可进一步细分研究。

展示与分享

分组完成任务后,每组派代表上台讲解完成情况,分享得失和经验教训,其余组给出评价,教师综合点评。

5.5 实践应用

某在线店铺要对购买小礼品的客户的价值进行分析。

"客户订单数据 .csv"为该店铺 2020 年 12 月 1 日—2021 年 12 月 9 日的客户交易数据，其数据示例如下表所示。

order_No	product_No	quantity	order_date	unit_price	customer_ID
536365	85123A	6	2020/12/1 8:26	25.5	17850
536365	71053	6	2020/12/1 8:26	33.9	17850
536365	84406B	8	2020/12/1 8:26	27.5	17850
536367	84879	32	2020/12/1 8:34	16.9	13047
536367	22745	6	2020/12/1 8:34	21.0	13047

表中的数据集字段说明如下。

order_No：订单编号。

product_No：商品编号。

quantity：每个订单中每个商品的数量（件）。

order_date：成交时间。

unit_price：商品单价（元 / 件）。

customer_ID：客户编号。

具体实践内容如下。

实践 1：对数据集进行描述性统计分析；查看是否有缺失值，若有，请进行删除处理。

实践 2：广泛使用的识别客户价值的模型是 RFM 模型。RFM 模型通过 Rencency（最近一次消费的时间间隔）、Frequency（消费频率）、Monetary（消费金额）3 个指标进行客户细分，识别出高价值的客户。请从这 3 个方面对客户进行分析，计算出这 3 个指标的值。

● Rencency：以数据集中的最大订成成交时间作为截止时间，计算每个客户的最后订单成交日与截止日的天数。

● Frequency：数据集中每个客户的消费次数。

● Monetary：数据集中每个客户的消费金额总数。

实践 3：对计算后的 Rencency、Frequency、Monetary 指标的值进行数据标准化处理。

实践 4：根据标准化处理后的数据建立 3 簇 K 均值模型，对客户进行聚类。

（参考 5.4 节的知识点：K 均值聚类）

实践 5：对聚类后的客户情况绘制雷达图，分析每类客户的价值。

（参考 5.4 节的知识点：雷达图的绘制）

5.6　后测

注意：要求在 60 分钟内完成，并完成下页的学习报告单。

问题 1：K 均值聚类需指定（　　　）。（对应知识目标：理解 K 均值聚类的原理，5 分）

A. 聚类的簇数   B. 密度   C. 均值   D. 近邻数

问题 2：下表中的数据是某驾校 30 名教练的学员科目二和科目三的一次性通过率，请根据通过率将教练聚类成 4 簇，并利用散点图分析每簇的特点。（对应技能目标：能够构建 K 均值模型，实现聚类问题，20 分）

教练编号	科目二	科目三	教练编号	科目二	科目三	教练编号	科目二	科目三
1	87%	95%	11	31%	45%	21	94%	67%
2	97%	85%	12	43%	50%	22	89%	81%
3	79%	71%	13	80%	58%	23	60%	77%
4	76%	77%	14	82%	62%	24	60%	92%
5	70%	64%	15	45%	84%	25	66%	84%
6	50%	67%	16	74%	43%	26	94%	99%
7	60%	56%	17	90%	50%	27	67%	97%
8	55%	64%	18	45%	61%	28	59%	85%
9	83%	49%	19	42%	68%	29	91%	93%
10	30%	71%	20	35%	70%	30	56%	95%

问题 3：下表中的数据是某企业在销售、管理、信息技术、客服、研发、市场等方面的预算分配和实际开销数据，请绘制雷达图，并分析预算分配和实际开销的差异。（对应技能目标：绘制雷达图，20 分）

	预算分配（元）	实际开销（元）
销售	4300	5000
管理	10000	14000
信息技术	28000	28000
客服	35000	31000
研发	50000	42000
市场	19000	21000

学习报告单

学习目标完成度（5 分制）： □素质目标： □知识目标： □技能目标：
前测成绩：   （排名　/　） □问题 1： □问题 2： □问题 3：
后测成绩：   （排名　/　） □问题 1： □问题 2： □问题 3：

续表

任务完成情况（5分制）：
□知识理解：
□团队协作：
□结果呈现：
□表现分享：

5.7 拓展学习

推荐资源

pyecharts 简介

pyecharts 是一款将 Python 与 Echarts 结合在一起的强大的数据可视化工具。Python 是一门富有表达力的语言，很适合进行数据处理；Echarts 是一款由百度开发的开源的数据可视化工具，凭借其良好的交互性、精巧的图表设计功能，得到了众多开发者的认可。而当数据分析遇上数据可视化时，pyecharts 诞生了。

Echarts 示例

pyecharts 官网给出了帮助文档和示例代码（见下图）。

1. pyecharts 的安装

pyecharts 可以使用 pip 安装。在 Windows 环境中，首先打开命令行工具（按 Win+R 组合键），执行代码 pip install pyecharts；在 Mac 环境中，打开终端，执行代码 pip install pyecharts。

2. pyecharts 的特性

● 囊括了 30 多种常见图表。

● 支持主流的 Notebook 环境，可以通过 Jupyter Notebook 和 JupyterLab 使用。

● 配置项高度灵活，可轻松搭配，以便得到精美的图表。

● 有详细的文档和示例，有能够帮助开发者较快上手的项目。

● 拥有 400 多个地图文件及原生的百度地图文件，为地理数据可视化提供了强有力的支持。

5.8 回顾与反思

提示：每个知识点与技能点学习完成后，边回忆边写学习笔记，将所学知识、技能、个人感想及可分享资源记录下来，再将整个"知识与技能学习"模块的逻辑关系绘制成思维导图。

第6章
小贷公司暗点操作
风险识别：DBSCAN
密度聚类

6

素质目标：培养反欺诈的风险防范意识。

知识目标：理解含有噪声的基于密度聚类的 DBSCAN 算法的原理。

技能目标：能够使用密度聚类模型处理实际问题。

导入：下图是不同聚类算法对同一数据集作用后产生的不同聚类效果。

*K*均值聚类：

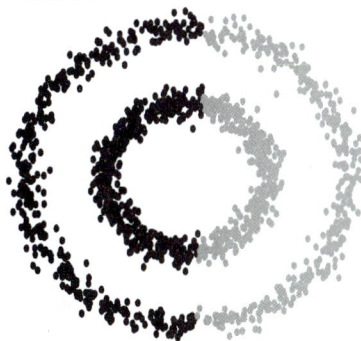

DBSCAN聚类：

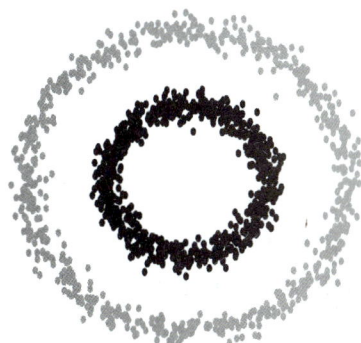

6.1　前测

　　前置知识要求：Python 的循环语句和条件语句。本测试要求在 15 分钟内完成，并完成下面的学情分析单。

　　问题：用 Python 的 for 循环和 if-else 条件语句判断 1～10 的奇偶性。（提示：对 2 取余为 0 的数为偶数，否则为奇数，取余运算符为%）（循环语句和条件语句，10 分）

学情分析单

前置知识：		5	4	3	2	1
前置技能（经验）：		5	4	3	2	1
学习动机：						
学习风格与特征：						

6.2　概念理解

◎ 密度

　　密度是指样本分布的紧密程度，同一类别的样本，它们之间紧密相连。如右图所示，黑色和灰色两簇数据内部的密度明显比周围大。

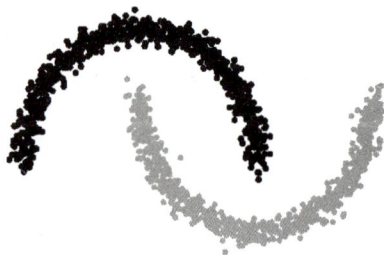

6.3　任务单

　　小额贷款公司（简称"小贷公司"）通过与销售门店进行合作的方式实现对个人放贷。比如，对于某个合作的手机门店，小贷公司会在手机门店委派一名销售人员，如果某个客户想分期贷款购买一部手机，并且选择了该公司作为放款方，那么该销售人员就会帮助客户办理贷款合同。出于对风险的考虑，小贷公司会要求整个办单过程在该手机门店内操作完成。

　　客户办单地点不是合同门店而是其他地方，这种操作称为暗点操作。暗点操作属于违规操作，多为中介、门店、销售人员共同参与，目的是套现，是一种欺诈行为。由于客户的还款意愿难以确定，

最高可借（元）

200000

年化利率最低7.2%起（单利），实施风险定价

立即申请

3步完成借款

填写资料　申请额度　完成借款

可能对小贷公司造成直接损失，所以需要对有暗点操作的门店进行排查管控。

现从某小贷公司数据库中抽取 2019 年 3 月 1 日至 2019 年 5 月 31 日信息完整的放款订单数据，共计 19146 条记录，存入"小贷公司订单数据 .csv"文件中。抽取的数据字段及部分数据详情如下表所示，其中距离是指订单到门店的距离（基于 GPS 数据计算获得），逾期是指客户未按时还款。

订 单 号	距离（km）	放款金额（元）	进件时间	是否逾期	门店 ID	门店省份	门店业务
10240731	316.7102	7671	2019/5/1	否	1024	安徽	数码
10240730	316.6875	4628	2019/5/19	是	1024	安徽	数码
10240729	316.6324	7173	2019/5/23	否	1024	安徽	数码
10240728	316.6040	7324	2019/5/23	否	1024	安徽	数码

具体任务如下。

任务 1：识别出暗点订单。

任务 2：从总体情况和暗点订单趋势两个方面对该小贷公司的暗点情况进行分析。

任务 3：针对暗点操作提出建议措施。

6.4 知识与技能学习

- DBSCAN 聚类。
- DBSCAN 聚类的 Python 实现。

1 业务需求理解

（1）GPS 的作用

为了识别暗点订单，可以通过获取门店和客户的 GPS 数据来计算客户办单时与门店的距离，从而判断客户办单的地点是否在合作门店内。订单的位置分布如下图所示。

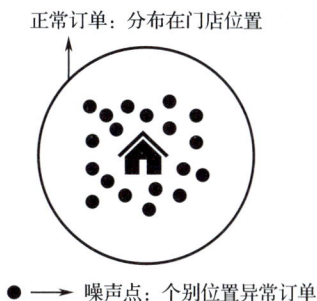

正常订单：分布在门店位置

● ── 噪声点：个别位置异常订单

上图中，如果客户都在某个合作门店内办单，那么会以该门店的 GPS 位置为中心形成一个密集的区域，客户的 GPS 位置会在其中随机分布。除某些异常情况外，绝大多数客户的 GPS 位置是不会出现在距离门店很远的地方的。

如下图所示，存在两个暗点位置，即除了门店所在区域外，还出现了两个客户 GPS 位置比较密集的区域，这些区域距离门店有一定的距离。

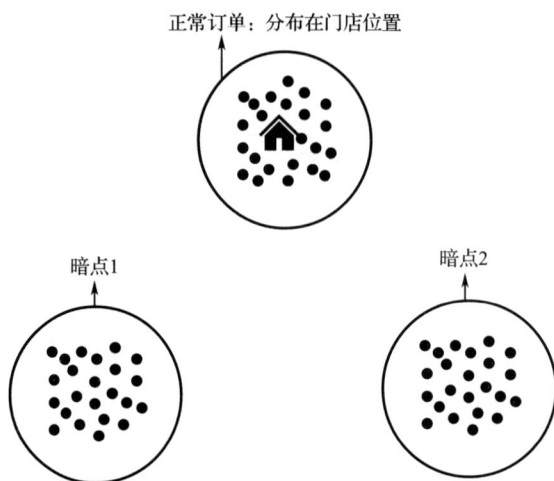

通过对比正常情况和暗点情况下的客户分布，可以发现：如果有一个门店，在该门店办单的客户 GPS 数据呈现出几个比较集中但又彼此相隔较远的密集区域，那么这个门店就存在暗点操作风险。

要对公司整体的暗点操作进行分析，该如何进行批量的暗点识别呢？这就需要先判断出客户聚集的区域个数。如果一个门店的办单客户聚集在了两个及两个以上区域，那么这个门店就可能存在暗点操作。判断客户聚集的区域个数可以采用 DBSCAN 算法。

（2）DBSCAN 算法介绍

DBSCAN 算法是最常用的密度聚类算法之一。DBSCAN 算法通过样本分布的紧密程度来确定聚类结构，从样本密度的角度考量样本之间的可连接性，并基于可连接样本不断扩展簇来获得最终的聚类结果。为了便于读者更深入地理解其思想，现通过下面的算法流程演示来说明。

这里以下图中点的聚类为例来说明 DBSCAN 算法。

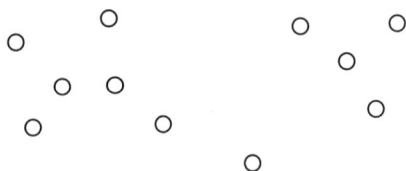

DBSCAN 算法首先需要设置两个参数，这两个参数描述了样本分布的紧密程度。

● 半径 R ：表示两个相邻点之间的距离小于这个参数时，可以归为一簇，即后续例图中各虚线圆形的半径大小。

● 密度阈值：表示必须有大于该参数个数的样本数才能聚为一簇。

DBSCAN 算法的具体实现过程如下。

① 随机确定一个核心对象

核心对象就是在以其为圆心，作半径为 R 的圆，圆中的样本个数达到了密度阈值（本例为 3）的样本。

如下图所示，随机选择 x_1，在以它为圆心的虚线圆形中，存在 4 个样本数，超过密度阈值 3，所以 x_1 是核心对象。

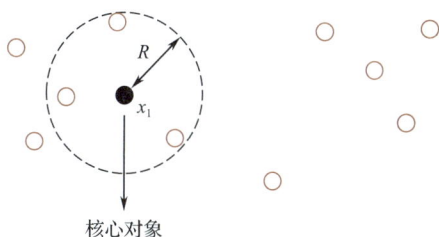

② 找到由核心对象 x_1 密度可达的所有样本，构成一个簇

将 x_1 为圆心、R 为半径的圆形中的其余样本（如 x_2，称 x_2 由 x_1 直接密度可达）添加到 x_1 所在的簇。x_2 由 x_1 直接密度可达，同时由于 x_2 也是核心对象，则由 x_2 直接密度可达的样本（如 x_3，称 x_3 由 x_1 密度可达）同样可添加到 x_1 所在的簇，如下图所示。

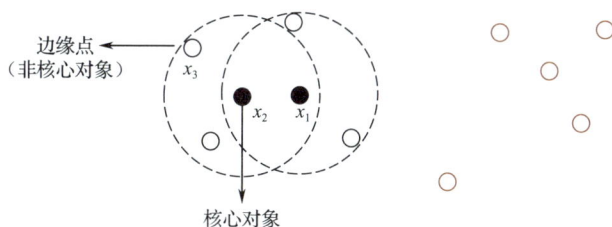

这就构成了第一个簇，如下图所示。

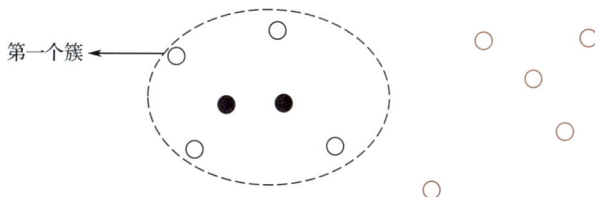

③ 构成下一个簇

在未成簇的样本中，继续随机选一个核心对象，找到它密度可达的所有样本，构成第二个簇。如此反复，直到所有核心对象都成簇，如下图所示。

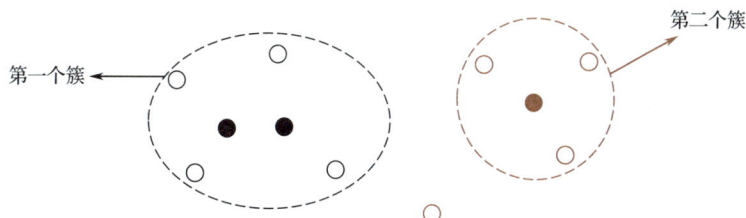

④ 确定噪声点

剩下的不属于任何簇的样本被认为是噪声点或异常点，如下图所示。

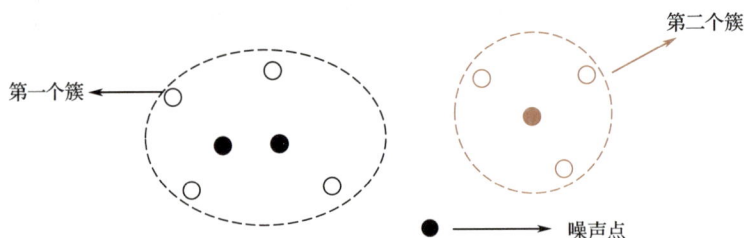

以上就是 DBSCAN 算法的流程，最后聚类成了 2 个簇和 1 个噪声点。聚类结果如下图所示。

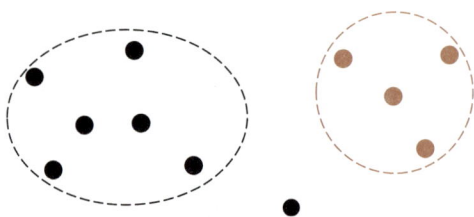

DBSCAN 算法演示
（推荐使用："笑脸"数据）

（3）暗点订单识别

要对公司的暗点情况进行分析，首先需要识别出哪些是暗点订单。对此，可以利用 DBSCAN 算法来实现。

① 选择 DBSCAN 算法的主要理由

● 每个问题门店的暗点个数不同，DBSCAN 算法不需要预先设定暗点门店个数（不需要预先设定聚类成几个簇）。

● DBSCAN 可以定义聚类的最小样本量，以便更准确地识别客户聚集情况。

● 对于部分位置异常但是又达不到聚类数量的客户，DBSCAN 算法可以将其当成噪声点处理。

② 参数设置

在本案例中，考虑到手机定位的精准性和误差，以及暗点订单情况，设置半径为 1km、样本数（密度阈值）为 5 个及 5 个以上的可聚类为一个簇。

③ 聚类的有效性验证

为了验证聚类能否有效地将订单分类，从而识别出暗点订单（分布在多个区域），可以先选择一个存在暗点订单的门店，使用其数据结合直方图进行验证。

▶ **电话回访暗点案例**

谭月（订单号：10240849，客户办理业务时的 GPS 位置与门店 GPS 位置相隔 87km）

客户称办理分期的实体店是宜川县的小罗通讯，但业务员告知自己，小罗通讯还没开通分期的渠道，挂靠的是延安市的小王通讯。系统显示的办单门店也为延安小王通讯。这就属于暗点操作。

小罗通讯与延安小王通讯的距离为 87km 左右，与客户描述的情况基本一致，证明客户的 GPS 定位是可靠的。

④ 暗点订单分析

● 可以通过门店规模、订单量、放款金额和逾期情况等指标查看总体情况。

● 可以从订单量和占比两个方面对暗点订单趋势进行分析。

2 数据采集与预处理

本案例数据来源于公司数据库，并将 GPS 经纬度数据转换为订单到门店的距离数据。

将预处理好的数据读取到 Python 中。代码如下：

```
# 加载 pandas 库
1  import pandas as pd
   # 读取数据
2  my_data=pd.read_csv(' 小贷公司订单数据 .csv',encoding="gbk")
```

查看原始数据，可以看到门店 ID 为 1024 的订单主要分布在距离门店 316km、142km 和门店附近 3 个区域，故该门店为暗点订单门店。利用直方图（见下页图）展示门店 ID 为 1024 的订单进件量距离分布。代码如下：

```
1  import matplotlib.pyplot as plt
   # 选择门店 ID 为 1024 的数据
2  sample_data=my_data[my_data[' 门店 ID']==1024]
   # 设置中文字符
3  plt.rcParams["font.family"] = 'SimHei'
   # 设置图标题
4  plt.title(' 门店（ID:1024）订单进件量距离分布 ')
   # 标注 X 轴显示距离
5  plt.xlabel(' 距离 ')
   # 标注 Y 轴显示进件量
6  plt.ylabel(' 进件量 ')
   # 绘制直方图
7  plt.hist (sample_data[' 距离 '],color='#7bbfea', edgecolor = 'black' )
   # 直方图数字标签设置
8  for x,y in zip(p[1][:-1],p[0]):
9      plt.text(x+10, y+1, '%.0f'%y)
```

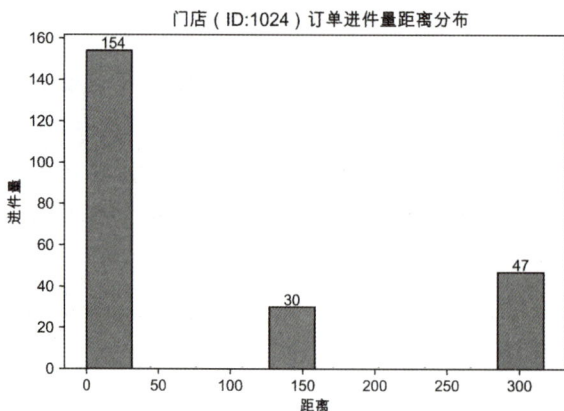

门店（ID:1024）订单进件量距离分布

可以看到直方图中的数据形成了 3 个柱形，大致分布在 0km 附近、150km 附近和 300km 附近 3 个区域，订单数分别为 154 个、30 个和 47 个。

再利用 DBSCAN 聚类分析该门店订单。代码如下：

```
    # 导入 DBSCAN 函数
1   from sklearn.cluster import DBSCAN
    # 选择样本门店数据，并重置数据索引
2   sample_data=my_data[my_data['门店 ID']==1024].reset_index(drop=True)
    # DBSCAN 聚类
3   sample_cluster=DBSCAN(eps=1,min_samples=5).fit(sample_data['距离'].values.reshape(-1,1))
    # 提取聚类标签
4   sample_data['聚类标签']=sample_cluster.labels_
    # 分组描述性统计
5   sample_data[['距离','聚类标签']].groupby('聚类标签').describe().T
```

描述性统计结果如下表所示。

	聚类标签	-1	0	1	2
	count	1.0000	47.000000	30.000000	153.000000
	mean	17.1326	316.327528	142.499727	1.260688
	std	NaN	0.199128	0.908191	0.877571
距离	min	17.1326	316.001100	141.115500	0.007600
	25%	17.1326	316.184800	141.686975	0.523400
	50%	17.1326	316.306500	142.552650	1.217900
	75%	17.1326	316.522650	143.265775	1.914200
	max	17.1326	316.710200	143.907100	3.423100

上述结果中，聚类标签 0、1、2 分别表示聚类的 3 个簇，即订单分布的 3 个聚集区域，-1 表示的是噪声点。count 给出了每个簇的样本数分别为 47、30、153 及 1 个噪声点。mean 给出了每个簇订单到门店的平均距离分别为 316km、142km 和 1km。

可以看到：DBSCAN 聚类结果的订单簇数、每个簇的样本个数、到门店的距离等均和直方图及能观察到的原始数据是匹配的，其中聚类的噪声点在直方图中被划到了第一个柱形中。这说明 DBSCAN 算法能有效识别暗点订单。

3　数据建模与评估

通过前面对 ID 为 1024 的门店的分析，已经验证了 DBSCAN 算法识别暗点操作的有效性。现在在 Python 中利用循环语句和 DBSCAN 算法来识别出所有的暗点门店和暗点订单。

在此之前，要先对暗点门店和暗点订单下一个定义。

● 暗点门店：对门店内所有订单位置与门店的距离进行 DBSCAN 聚类，如果聚类结果存在 ≥ 2 的类别数，那么该门店就被认为有暗点操作。

● 暗点订单：暗点门店中，订单位置与门店的距离小于 1km 的订单簇和噪声订单认为是正常订单，其余则为暗点订单。

（1）DBSCAN 聚类的 Python 实现

在 Python 中，可以利用 sklearn.cluster 模块中的 DBSCAN 函数实现 DBSCAN 聚类。其调用格式如下：

```
DBSCAN(eps=0.5, min_samples=5, metric='euclidean', …)
```

DBSCAN 函数的常用参数及说明如下表所示。

参　　数	说　　明
eps	半径距离
min_samples	密度阈值
metric	距离度量方式，默认为欧几里得距离

DBSCAN 函数的训练模型使用方法为 DBSCAN().fit(data)，其中 data 为数据集。

DBSCAN 模型构建后，可以通过属性查看不同的模型信息。其属性说明如下表所示。

属　　性	说　　明
core_sample_indices	核心对象的索引
components	每个核心对象
labels	密度阈值参数值

暗点订单的识别代码如下：

```
1    from sklearn.cluster import DBSCAN
     # 提取去重后的门店 ID
2    store_id=my_data[' 门店 ID'].drop_duplicates()
     # 初始化一个数据框
3    df=pd.DataFrame()
4    for i in store_id:
         # 选择单个门店，并重置数据索引
5        data=my_data[my_data[' 门店 ID']==i].reset_index(drop=True)
         # DBSCAN 聚类
6        cluster = DBSCAN(eps=1, min_samples=5).fit(data[' 距离 '].values.reshape(-1, 1))
         # 提取聚类簇标签
7        data[' 聚类标签 ']=cluster.labels_
         # 将只有一个订单聚类簇且其订单位置与门店的距离在 1km 范围内的门店设为正常门店
8        if min(data[' 距离 '])<=1 and sum(data[' 聚类标签 ']>0)==0:
```

```
9              data[' 是否是暗点门店 ']=' 否 '
10         else:
               # 不是正常门店,是暗点门店
11             data[' 是否是暗点门店 ']=' 是 '
           # 如果不是暗点门店,则所有订单均不是暗点订单
12         if data[' 是否是暗点门店 '][0]==' 否 ':
13             data[' 是否是暗点订单 ']=' 否 '
14         else:
               # 将暗点门店的订单设为暗点订单
15             data[' 是否是暗点订单 ']=' 是 '
               # 筛选距离在 1km 范围内的订单所在簇
16             label=data[data[' 距离 ']<=1][' 聚类标签 '].unique()[0]
               # 将噪声订单修改为正常订单
17             data[' 是否是暗点订单 '][(data[' 聚类标签 ']==-1)|(data[' 聚类标签 ']==label)]=' 否 '
       # 汇总不同门店的数据
18     df=df.append(data).reset_index(drop=True)
19 df.head()
```

部分识别结果如下表所示。

订单号	距离 (km)	放款金额 (元)	进件 时间	是否 逾期	门店 ID	门店 省份	门店 业务	聚类 标签	是否是 暗点门店	是否是 暗点订单
10240731	316.7102	7671	2019/5/1	否	1024	安徽	数码	1	是	是
10240730	316.6875	4628	2019/5/19	是	1024	安徽	数码	1	是	是
10240729	316.6324	7173	2019/5/23	否	1024	安徽	数码	1	是	是
10240728	316.604	7324	2019/5/23	否	1024	安徽	数码	1	是	是
...	...	...	...	...	...	...	...	...	...	...

可以看到聚类算法已经给出了暗点门店和暗点订单的识别结果。

（2）暗点订单分析

识别出暗点订单后,接下来就从总体情况和暗点订单进件时间趋势两个方面进行分析。

① 总体情况分析

对于总体情况的分析,可以从门店规模、订单量、放款金额和逾期情况等关键数据进行分析。代码如下：

```
1  df_general=pd.DataFrame({
       # 计算门店总数
       ' 门店总数 ':[df[' 门店 ID'].nunique()],
       # 计算暗点门店数
       ' 暗点门店数 ':[df[' 门店 ID'][df[' 是否是暗点门店 ']==' 是 '].nunique()],
       # 计算订单总量
       ' 订单总量 ':[df[' 订单号 '].count()],
       # 计算暗点门店订单量
       ' 暗点门店订单量 ':[sum(df[' 是否是暗点门店 ']==' 是 ')],
       # 计算暗点订单量
       ' 暗点订单量 ':[sum(df[' 是否是暗点订单 ']==' 是 ')],
       # 计算放款总金额
```

```
        ' 放款总金额 ':[sum(df[' 放款金额 '])],
        # 计算暗点门店放款金额
        ' 暗点门店放款金额 ':[sum(df[' 放款金额 '][df[' 是否是暗点门店 ']==' 是 '])],
        # 计算暗点订单放款金额
        ' 暗点订单放款金额 ':[sum(df[' 放款金额 '][df[' 是否是暗点订单 ']==' 是 '])],
        # 计算正常订单逾期率
        ' 正常订单逾期率 ':[sum((df[' 是否是暗点订单 ']==' 否 ')&(df[' 是否逾期 ']==
  ' 是 '))/sum(df[' 是否是暗点订单 ']==' 否 ')],
        # 计算暗点订单逾期率
        ' 暗点订单逾期率 ':[sum((df[' 是否是暗点订单 ']==' 是 ')&(df[' 是否逾期 ']==
  ' 是 '))/sum(df[' 是否是暗点订单 ']==' 是 ')],
2  })
     # 计算暗点门店占比
3  df_general[' 暗点门店占比 ']=df_general[' 暗点门店 ']/df_general[' 门店总数 ']
     # 计算暗点订单占比
4  df_general[' 暗点订单占比 ']=df_general[' 暗点订单 ']/df_general[' 订单总量 ']
     # 计算暗点订单放款金额占比
5  df_general[' 暗点订单放款金额占比 ']=df_general[' 暗点订单放款金额 ']/
   df_general[' 放款总金额 ']
6  df_general
```

运行结果如下表所示。

门店总数	暗点门店数	订单总量	暗点门店订单量	暗点订单量	放款总金额	暗点门店放款金额	暗点订单放款金额	正常订单逾期率	暗点订单逾期率	暗点门店占比	暗点订单占比	暗点订单放款金额占比
184	14	19146	4261	3120	187682698	53258462	43555059	0.067328	0.205449	0.076087	0.162958	0.232068

对结果进行整理如下表所示。

门店规模（个）		放款订单量（个）		放款金额（万元）		逾　期　率	
门店总数	184	订单总量	19146	放款总金额	18768.3	正常订单	6.7%
暗点门店数	14	暗点门店订单量	4261	暗点门店放款金额	5325.8	暗点订单	20.5%
暗点门店占比	7.6%	暗点订单量	3120	暗点订单放款金额	4355.5		
		暗点订单占比	16.3%	暗点订单放款金额占比	23.2%		

② 暗点订单趋势分析

对于暗点订单趋势的分析，根据 3 个月的数据，从暗点订单量和占比两个方面进行，分别绘制趋势图。

暗点订单量趋势的代码如下：

```
     # 整理订单进件月份
1  df[' 进件月份 ']=[time.split('/')[1] for time in df[' 进件时间 ']]
     # 按月份统计暗点订单量
2  df_month=df[df[' 是否是暗点订单 ']==' 是 '].groupby(' 进件月份 ')[' 订单号 '].count().reset_index()
     # 重命名列名
3  df_month.columns=[' 进件月份 ',' 暗点订单量 ']
```

```
    # 设置图标题
4   plt.title(' 暗点订单量趋势图 ')
    # 绘制柱状图
5   plt.bar(df_month[' 进件月份 '],df_month[' 暗点订单量 '],color='#7bbfea', edgecolor = 'black')
6   plt.xlabel(' 进件月份 ')
7   plt.ylabel(' 暗点订单量 ')
    # 设置数据标签
8   for a,b in zip(df_month[' 进件月份 '],df_month[' 暗点订单量 ']):
9       plt.text(a, b+10,'%.0f' % b)
```

运行结果如下图所示。

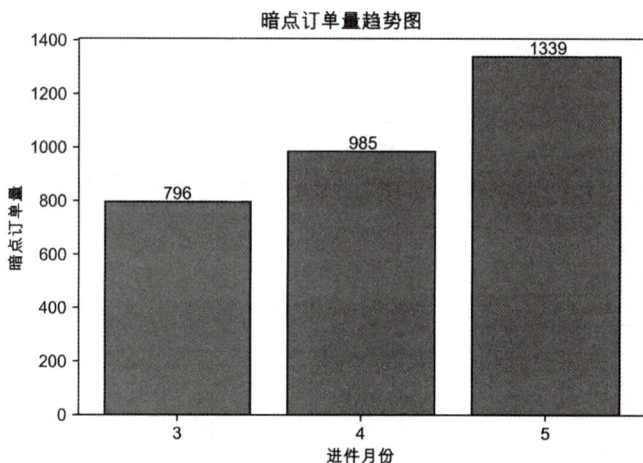

暗点订单占比趋势的代码如下：

```
    # 按月统计暗点订单占比
1   df_month_rate=df[df[' 是否是暗点订单 ']==' 是 '].groupby(' 进件月份 ')[' 订单号 '].
    count()/df.groupby(' 进件月份 ')[' 订单号 '].count()
    # 重置索引
2   df_month_rate=df_month_rate.reset_index()
    # 重命名列名
3   df_month_rate.columns=[' 进件月份 ',' 暗点订单占比 ']
    # 设置图标题
4   plt.title(' 暗点订单占比趋势图 ')
    # 绘制折线图
5   plt.plot(df_month_rate[' 进件月份 '],df_month_rate[' 暗点订单占比 '],color='#7bbfea')
    # 设置 Y 轴范围
6   plt.ylim(0.08,0.21)
7   plt.xlabel(' 进件月份 ')
8   plt.ylabel(' 暗点订单占比 ')
    # 设置数据标签
9   for a,b in zip(df_month_rate[' 进件月份 '],df_month_rate[' 暗点订单占比 ']):
10      plt.text(a, b+0.005,'%.2f' % b,ha='center')
```

运行结果如下图所示。

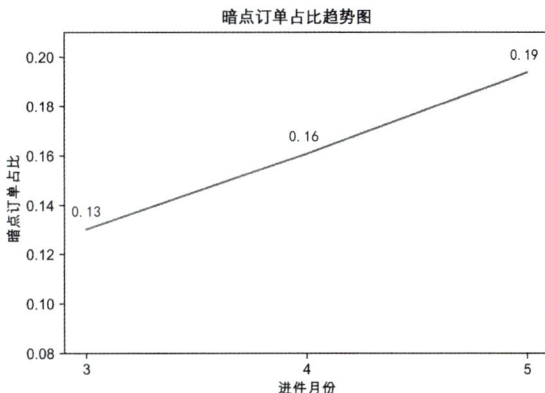

暗点订单占比趋势图

4 编写分析报告

小贷公司暗点操作风险识别分析

● 分析目的：识别暗点订单；对暗点情况从总体情况和暗点订单进件时间趋势两个方面进行分析。

● 数据来源：公司数据库，包含 19146 条贷款记录。

一、用 DBSCAN 算法识别暗点订单的有效性验证

以 ID 为 1024 的门店为例，其订单进件量直方图中，数据形成了 3 个柱形（见下图），大致分布在 0km 附近、150km 附近和 300km 附近 3 个区域，订单数分别为 154 个、30 个和 47 个，这与 DBSCAN 聚类结果一致，说明用 DBSCAN 算法识别暗点订单是有效的。通过回访可以进一步确定暗点订单识别的有效性。

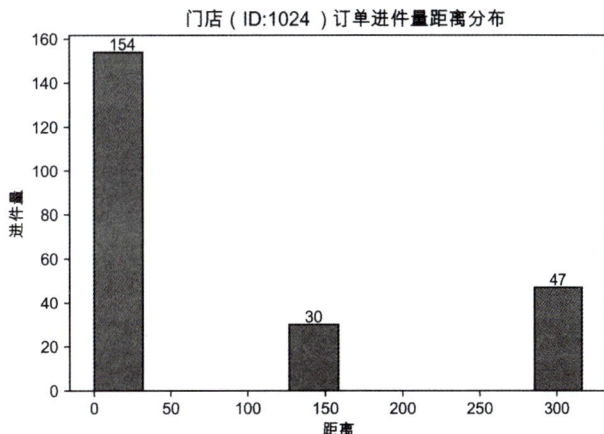

门店（ID:1024）订单进件量距离分布

二、暗点订单总体情况分析

暗点订单总体情况如下表所示。

门店规模（个）	放款订单量（个）	放款金额（万元）	逾 期 率
门店总数：184	订单总量：19146	放款总金额：18768.3	正常订单：6.7%
暗点门店数：14	暗点门店订单量：4261	暗点门店放款金额：5325.8	暗点订单：20.5%
暗点门店占比：7.6%	暗点订单量：3120	暗点订单放款金额：4355.5	
	暗点订单占比：16.3%	暗点订单放款金额占比：23.2%	

● 大部分门店在暗点操作问题上是合规的，仅有 7.6% 的门店存在暗点操作行为。但是这 7.6% 的门店中的暗点订单量却占了订单总量的 16.3%，放款金额更是占到了 23.2%，说明暗点门店的订单量和订单金额都是比较大的。

● 暗点订单的逾期率达到了 20.5%，远高于正常订单 6.7% 的逾期率，说明暗点订单的风险比正常订单高。

三、暗点订单进件时间趋势分析

1. 暗点订单量趋势分析

暗点订单量呈逐月增长的趋势，5 月比 3 月增长了 68%（见下图）。

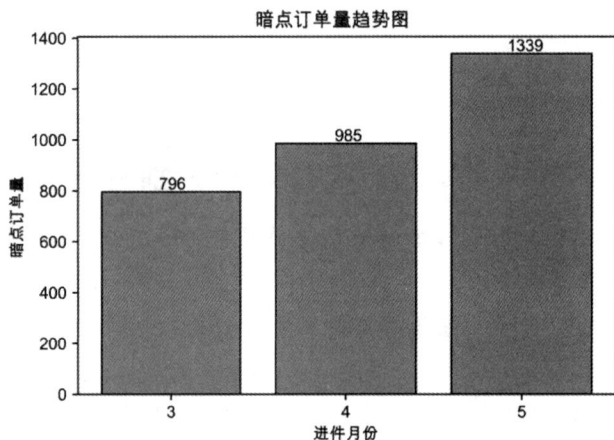

暗点订单量趋势图

2. 暗点订单占比趋势分析

暗点订单占比也呈逐月增长的趋势，5 月比 3 月增长了 6%（见下图）。

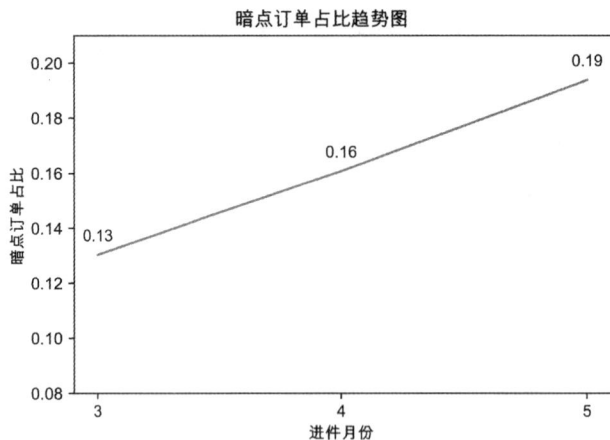

暗点订单占比趋势图

四、管控措施建议

对于暗点订单，可以从存量和增量两个方面分别进行管控。

1. 存量管控

由于不同门店的暗点订单占比与规模表现各不相同，因此不可采取一刀切的做法，可结合逾期表现，分别采取不同的管控措施。

● 对暗点订单较少的门店采取警告措施。

● 对暗点订单较多的门店采取限单措施。

● 对逾期率较高或暗点订单逾期率明显高于正常客户逾期率的门店，采取拉黑措施。

2. 增量管控

对以后的进件客户，可以从风险控制模型和预警系统两方面采取限制措施。

● 风险控制模型可以增加规则，对与门店距离大于 1km 的进件加以拒绝或转人工审核。

● 预警系统可以增加规则，对暗点订单占比较高的门店和销售人员进行预警。

展示与分享

分组完成任务后，每组派代表上台讲解完成情况，分享得失和经验教训，其余组给出评价，教师综合点评。

6.5 实践应用

文件"用户 GPS 轨迹 .xlsx"为某用户的 GPS 轨迹数据（见下图），包含纬度、经度、数据发生时间（周和时）信息。这些轨迹能体现回家和上班等的生活习惯，还能体现进行的一些娱乐和体育活动，如购物、观光、用餐、徒步旅行和骑自行车。

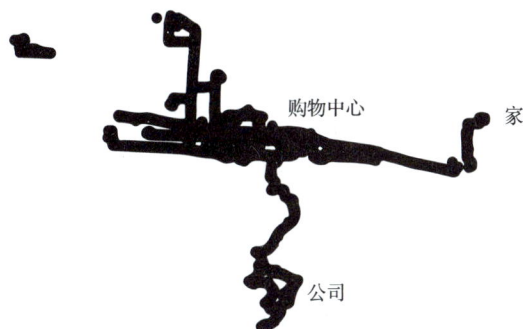

该数据集示例如下表所示。

lat	lng	week	hour
40.013833	116.306538	1	23
40.013967	116.306339	2	0
40.014051	116.306288	2	0
40.014113	116.30616	2	0
40.014114	116.306025	2	0

表中的数据集字段说明如下。

lat：纬度。

lng：经度。

week：周。

hour：时（24 小时制）。

具体实践内容如下。

实践 1：基于经纬度数据，对用户位置进行 DBSCAN 聚类。（提示：半径取 0.001，密度阈值取 1000）

（参考 6.4 节的知识点：DBSCAN 聚类）

实践 2：结合时间参数进一步分析，每个聚类簇可能是用户在什么地点，如家、工作地点、娱乐地点等。

6.6 后测

注意：要求在 30 分钟内完成，并完成下面的学习报告单。

问题 1：下图分别是用 K 均值算法和 DBSCAN 算法得到的聚类结果，请给出算法和图的对应关系。（对应知识目标：理解 DBSCAN 算法，10 分）

问题 2：根据下列代码创建数据 data，并结合图形观察，利用 DBSCAN 算法对数据 data 进行恰当的聚类。（对应技能目标：能够建立密度聚类模型，20 分）

```
1    import numpy as np
2    x1=np.linspace(-2,2,200)
3    y1=x1*x1 + np.random.normal(0,0.1,x1.shape)
4    y2=-x1*x1 + np.random.normal(0,0.1,x1.shape)+5
5    x2=np.linspace(0,4,200)
6    x=np.concatenate((x1,x2))
7    y=np.concatenate((y1,y2))
8    data=np.array([x,y]).T
```

学习报告单

学习目标完成度（5 分制）：	
□素质目标：	
□知识目标：	
□技能目标：	
前测成绩：	（排名 / ）
□问题：	
后测成绩：	（排名 / ）
□问题 1：	
□问题 2：	
任务完成情况（5 分制）：	
□知识理解：	
□团队协作：	
□结果呈现：	
□表现分享：	

6.7　拓展学习

推荐资源

常用的聚类算法比较

常用的聚类算法的适用场景如下表所示。

聚类算法名称	适用场景
MiniBatches KMeans（小批量 K 均值）	通用型，均匀的簇大小，平面几何，没有太多的簇
Affinity propagation（AP 聚类）	许多簇，不均匀的簇大小，非平面几何
Mean Shift（均值漂移）	许多簇，不均匀的簇大小，非平面几何
Spectral Clustering（谱聚类）	几个簇，均匀的簇大小，非平面几何
Ward（最小方差法）	许多簇，可能的连接限制
Agglomerative Clustering（丛集聚类）	许多簇，可能的连接限制，非欧几里得距离
DBSCAN	非平面几何，不均匀的簇大小
BIRCH（利用层次方法的平衡迭代规约和聚类）	大型数据集，异常值去除，数据简化
Gaussian mixtures（高斯混合）	平面几何，适用于密度估计

6.8　回顾与反思

6

提示：每个知识点与技能点学习完成后，边回忆边写学习笔记，将所学知识、技能、个人感想及可分享资源记录下来，再将整个"知识与技能学习"模块的逻辑关系绘制成思维导图。

第 7 章
商品销售关联分析：Apriori 算法

素质目标：培养勇于钻研探究的科学精神，培养数据驱动业务的意识。

知识目标：理解关联分析的作用与意义，理解支持度（support）、置信度（confidence）、提升度（lift）的意义及关联规则算法（Apriori 算法）的原理。

技能目标：能够实现关联分析的应用，能够绘制组合图，了解关系图。

导入：20 世纪 90 年代，一位沃尔玛超市的管理员在分析销售数据时发现了一个难以理解的现象：啤酒与尿布这两件看起来毫无关系的商品，在某些情况下会经常出现在同一个购物篮中。经调查发现，这种现象多出现在年轻的父亲身上。其背后的原因在于有婴儿的家庭中，一般是母亲在家中照看婴儿，父亲去超市购买尿布。而年轻的父亲在购买尿布的同时，往往会顺便为自己购买爱喝的啤酒，因此出现了啤酒配尿布的现象。那么，啤酒与尿布之间存在销售关联关系吗？

7.1 前测

前置知识要求：概率、条件概率和独立性。本测试要求在 15 分钟内完成，并完成下页的学情分析单。

问题 1：一个口袋中有 10 个乒乓球，其中有 6 个黄球，4 个白球。请问，如果从中任取一个球，是黄球的概率是多少？（概率，5 分）

问题 2：某品牌的灯泡，正常使用一年的概率为 90%，正常使用两年的概率为 70%。请问，一只灯泡在已经正常使用了一年的情况下，再正常使用一年的可能性有多大？（提示：条件概率公式 $P(B|A)=P(A,B)/P(A)$）（条件概率，10 分）

问题 3：小凯和小凡独立破译一个密码的概率分别为 50% 和 30%，那么在小凯已经破译密码的情况下，小凡再次破译密码的概率是多少？（独立性，5 分）

学情分析单

	5	4	3	2	1
前置知识：	5	4	3	2	1
前置技能（经验）：	5	4	3	2	1
学习动机：					
学习风格与特征：					

7.2　概念理解

◎ 关联分析

在日常生活中，类似啤酒与尿布的故事还有很多。例如，在网络平台选购书籍《机器学习》，在将其加入购物车时，平台常会给出"经常一起购买的商品"推荐，如下图所示。

可以看到，这些推荐的商品都与加入购物车的商品之间存在强关联性。这类在大量数据中发现不同商品之间存在有意义关联的分析应用称为关联分析。

利用关联分析可以发现不同商品之间的关联关系，从而得到顾客的购买行为特征，并根据发现的规律采取有效的行动，制定商品摆放方案、商品采购计划、商品促销策略，对商家提高销量有着重要意义。

关联分析除适用于商品购物车分析外，还适用于金融、教育、网络安全、移动通信等多个领域，如网站页面浏览关联分析、广告流量关联分析、用户关键字搜索关联分析、实时新闻推荐、银行营销方案推荐等场景。

◎ 项集

在一个购物清单中，一个商品就是一项，若干项的集合称为项集，如 {啤酒, 尿布}。

◎ 关联规则

关联规则一般以 $X \rightarrow Y$ 的形式表示。比如，关联规则"啤酒→尿布"成立，则表示顾客在购买了啤酒的情况下，往往还购买了尿布。

7.3　任务单

某超市经营多种商品。

现有一份该超市的购物清单数据，包含了 9835 条购物记录，涉及 169 个不同的商品。部分数据如下表所示。

订单 ID	商 品 名
1	柑橘
1	人造黄油
1	即食汤
1	半成品面包
2	咖啡
2	热带水果

具体任务如下。

任务 1：对销量排在前 10 名的商品进行热销分析。

任务 2：对购物数据进行关联分析，并提出商品销售建议。

7.4　知识与技能学习

- 支持度。
- 置信度。
- 提升度。
- Apriori 算法。

1　业务需求理解

在经营中，商品销售基本满足"二八定律"。对热销商品的情况进行分析在商品管理中是十分重要的，一般可以从销量和占比两个方面进行，并利用图表进行可视化展示。

对商品数据进行关联分析时，结合散点图和关系图，将关联分析结果可视化，发现有意义的关联商品，制定有效的营销策略，有助于提高商品销量，带来更多的收益。

那么关联分析怎么实现呢？可以利用一些指标来衡量商品之间关联性的强弱，如支持度、置信度和提升度。

（1）支持度

结合"导入"部分啤酒与尿布的例子提出一个问题：在 10000 个顾客中，同时购买啤酒与面包的顾客有 100 个，同时购买啤酒与尿布的顾客有 800 个。那么一个顾客同时购买啤酒与尿布和同时购买啤酒与面包的概率（可能性）分别是多少？

顾客购买支持度示意图如下图所示。

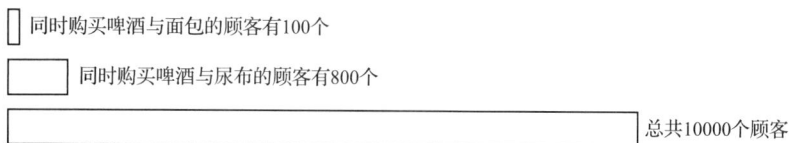

可以算出一个顾客同时购买啤酒与尿布的概率：

$$\frac{800}{10000} \times 100\% = 8\%$$

一个顾客同时购买啤酒与面包的概率：

$$\frac{100}{10000} \times 100\% = 1\%$$

显然，如果两个商品被同时购买的概率更大，那么意味着这两个商品之间具有较强的关联性。所以啤酒与尿布之间的关联性强于啤酒与面包之间的关联性。

而这里计算出的同时购买概率就称为支持度。支持度就是在所有项集中，项集 $\{X,Y\}$ 出现的可能性，即项集中同时含有 X 和 Y 的概率：

$$support(X \rightarrow Y) = P(X, Y)$$

支持度衡量了关联规则在"量"上的多少。

通常会设定一个最小支持度阈值来剔除支持度较低的项集，保留下来的项集被称为频繁项集。例如，在阈值为 5% 的条件下，项集 {啤酒, 面包} 将被剔除，而项集 {啤酒, 尿布} 将作为频繁项集被保留，其对应了两条关联规则："啤酒→尿布"和"尿布→啤酒"。

（2）置信度

进行关联分析的目的是希望顾客在购买商品 A 的同时，为他推荐一件因购买商品 A 而很可能会一起购买的商品 B。那么，通过支持度筛选出来的关联规则一定能实现这个目的吗？再来看一个问题：在 10000 个顾客中，购买了啤酒的顾客有 8000 个，购买了尿布的顾客有 1000 个，其中，同时购买了啤酒与尿布的顾客有 800 个。那么购买了啤酒的顾客中，会同时购买尿布的概率是多少？购买了尿布的顾客中，会同时购买啤酒的概率又是多少？

顾客购买这两件商品的置信度示意图如下页图所示。

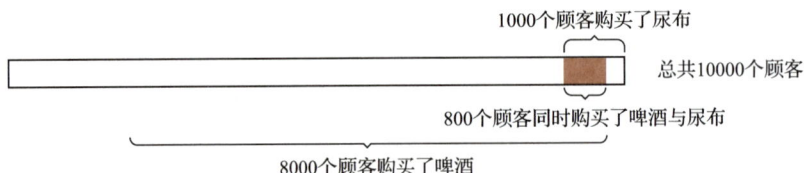

"啤酒→尿布"和"尿布→啤酒"这两条关联规则的支持度都是8%。但是，购买了啤酒的顾客中，会同时购买尿布的概率：

$$\frac{800}{8000} \times 100\% = 10\%$$

购买了尿布的顾客中，会同时购买啤酒的概率：

$$\frac{800}{1000} \times 100\% = 80\%$$

可见，虽然"啤酒→尿布"和"尿布→啤酒"有着相同的支持度，但购买了啤酒的顾客同时购买尿布的可能性要小很多，而购买了尿布的顾客更有可能购买啤酒。所以可以看到，"啤酒→尿布"和"尿布→啤酒"两条关联规则在反映商品之间的关联性时，意义是不一样的，并且"尿布→啤酒"是更有意义的关联规则。

这里计算的概率称为置信度。所谓置信度就是在关联规则中，在 X 已经发生的条件下 Y 发生的概率，即在含有 X 的项集中同时含有 Y 的可能性：

$$\text{confidence}(X \rightarrow Y) = P(Y|X) = P(X,Y)/P(X)$$

同样，可以通过设定一个最小置信度阈值来筛选出置信度高的关联规则。比如，设定阈值为70%，那么关联规则"啤酒→尿布"将被剔除，关联规则"尿布→啤酒"将被保留。

（3）提升度

针对上面的例子，再提出一个新的问题：在10000个顾客中，购买了啤酒的顾客有8000个，购买了尿布的顾客有1000个，其中，同时购买了啤酒与尿布的顾客有800个。那么购买了尿布的顾客中，会同时购买啤酒的概率是多少？没有购买尿布的顾客中，会购买啤酒的概率是多少？

购买了尿布的顾客中，会同时购买啤酒的概率：

$$\frac{800}{1000} \times 100\% = 80\%$$

没有购买尿布的顾客中，会购买啤酒的概率：

$$\frac{8000-800}{10000-1000} \times 100\% = 80\%$$

可以看到，顾客购买了尿布再购买啤酒和没有购买尿布但购买了啤酒的概率是一样的，这说明了顾客是否购买啤酒，与有没有购买尿布之间是没有关联的，两者是相互独立的。这也说明，虽然关联规则"尿布→啤酒"的置信度高达80%，但是这条关联规则其实是没有意义的。

那么，如何来弥补置信度的这一缺陷呢？

显然，如果购买了尿布再购买啤酒的概率大于只购买啤酒的概率，那么就可以说明购买尿布对购买啤酒有促进作用，关联规则"尿布→啤酒"就是有意义的了。

所以，用

$$\frac{购买了尿布再购买啤酒的概率}{购买啤酒的概率} = \frac{80\%}{80\%} = 1$$

这一比值来衡量关联规则的可靠性。

该比值称为提升度。提升度表示在 X 发生的条件下 Y 发生的概率，与 Y 总体发生的概率之比：

$$\text{lift}(X \rightarrow Y) = P(Y \mid X) / P(Y)$$

提升度反映了 X 的出现对 Y 出现的概率造成了多大的影响。

当提升度为 1 时，表示购买尿布与购买啤酒是相互独立的，尿布对啤酒的销量是没有提升作用的；当提升度大于 1 时，提升度越大，表明尿布对啤酒销量的提升程度越大，它们之间的关联性就越强。

> ▶ **关联分析小结**
> - 支持度 support($X \rightarrow Y$)，是顾客同时购买 X 和 Y 的概率。
> - 置信度 confidence($X \rightarrow Y$)，是顾客购买 X 的同时，购买 Y 的概率。
> - 提升度 lift($X \rightarrow Y$)，是顾客购买 X 的同时购买 Y 的概率与直接购买 Y 的概率的比值。
> - 提升度大于 1 时，说明 X 对 Y 有正向效果。
> - 提升度等于 1 时，说明 X 和 Y 是相互独立的。
> - 提升度小于 1 时，说明 X 对 Y 有负向效果。

7

（4）Apriori 算法

现在知道了可以通过支持度、置信度和提升度来反映商品之间的关联性。但是在实际的应用过程中，由于数据量大、商品之间组合较多，如果直接对所有商品组合进行计算分析，其计算量是很大的。针对这个问题，可以通过关联分析中经典的 Apriori 算法来降低关联规则的计算时间。

关联规则算法的一般过程是首先通过最小支持度找出所有频繁项集；然后根据最小置信度阈值过滤出频繁项集产生的关联规则；最后得到可能感兴趣的强关联规则。

Apriori 算法的原理是，如果一个项集是频繁的，那么它的所有子集也是频繁的。也就是说，如果一个项集是非频繁的，那么它的所有超集也是非频繁的。比如，如果 {0} 是非频繁的，那么 {0,1} 也是非频繁的，也就不用再分析。

2　数据采集与预处理

从超市后台数据库中导出数据，存储到"购物清单 .csv"文件中，并使用 Python 读取数据。代码如下：

```
# 加载 pandas 库
1   import pandas as pd
```

```
    # 读取数据
2   df=pd.read_csv(' 购物清单 .csv')
```

（1）热销商品分析

首先计算销量排在前 10 名的商品数据。代码如下：

```
    # 创建新变量
1   df_goods=df
    # 按商品名分组计算销量
2   df_goods=df_goods.groupby(' 商品名 ')[' 订单 ID'].count().reset_index()
    # 重命名列名
3   df_goods.columns=[' 商品名 ',' 销量 ']
    # 计算销量占比
4   df_goods[' 占比 ']=round(df_goods[' 销量 ']/sum(df_goods[' 销量 ']*100,2)
    # 按销量降序排列
5   df_goods=df_goods.sort_values(by=' 销量 ',ascending=False)
    # 选取销量排在前 10 名的商品数据
6   df_goods_head=df_goods.head(10)
    # 查看前 10 项数据
7   df_goods_head
```

运行结果如下表所示。

商 品 名	销 量	占 比
全脂牛奶	2513	0.0579
其他蔬菜	1903	0.0439
面包卷	1809	0.0417
苏打水	1715	0.0395
酸奶	1372	0.0316
瓶装水	1087	0.0251
根茎类蔬菜	1072	0.0247
热带水果	1032	0.0238
购物袋	969	0.0223
香肠	924	0.0213

然后使用 pyecharts 绘制散点图和折线图，并通过二者的组合图来展示热销商品。

（2）散点图和折线图的组合图的 pyecharts 实现

pyecharts 库中的 Scatter 函数可以实现散点图的可视化，Line 函数可以实现折线图的可视化。

Scatter 函数的帮助文档　　　　　Line 函数的帮助文档

pyecharts 库中的 overlap 函数可以实现不同图形的组合层叠。其调用格式如下：

图形一 .overlap(图形二)

比如，绘制散点图和折线图的组合图。代码如下：

```
1   line.overlap(scatter)
```

其中，line 表示用 Line 函数创建的一个折线图对象，scatter 表示用 Scatter 函数创建的一个散点图对象。

下面结合案例，看看如何利用 pyecharts 绘制散点图和折线图的组合图。代码如下：

```
    # 导入 Scatter 和 Line 函数
1   from pyecharts.charts import Scatter,Line
    # 导入配置项模块
2   from pyecharts import options as opts
    # 设置 X 轴数据
3   x=df_goods_head[' 商品名 '].tolist()
4   scatter = (
        # 创建散点图对象，并设置图的宽度和高度
5       Scatter(init_opts=opts.InitOpts(width="1400px", height="700px"))
        # X 轴数据
6       .add_xaxis(x)
        # 系列名称和 Y 轴数据
7       .add_yaxis(" 销量 ", df_goods_head[' 销量 '].tolist())
        # 增加次坐标轴（右侧 Y 轴）
8       .extend_axis(
9           yaxis=opts.AxisOpts(
                # 次坐标轴刻度最大值
10              max_=15,
                # 设置次坐标轴标签显示格式带百分号 (%)
11              axislabel_opts=opts.LabelOpts(formatter="{value}%")
12          )
13      )
14      .set_global_opts(
15          title_opts=opts.TitleOpts(
                # 设置图的标题
16              title=" 销量排前 10 名商品 ",
                # 设置图的标题居中
17              pos_left='center'),
18          visualmap_opts=opts.VisualMapOpts(
                # 按数值大小显示散点大小
19              type_="size",
                # 散点大小的最大值
20              max_=3000,
                # 散点大小的最小值
21              min_=500,
                # 不显示视觉映射配置
22              is_show=False),
            # 设置图例相对于图顶部位置的百分比
23          legend_opts=opts.LegendOpts(pos_top='10%')
            # 下列 yaxis_opts 参数用于将 pyecharts 默认的千分位逗号格式改为常用数字格式，这
            部分内容涉及回调函数和 javascript 代码，不做学习要求
24          yaxis_opts=opts.AxisOpts(axislabel_opts=opts.LabelOpts(formatter=JsCode(
25              """
26              function(value){
27                return value
28              }
29              """
30          )))
```

```
31          )
32      )
33  line = (
            # 创建折线图对象
34      Line()
            # X 轴数据
35      .add_xaxis(x)
            # 系列名称
36      .add_yaxis(" 销量占比 ",
                    # 次坐标轴数据
37              df_goods_head[' 占比 '].tolist(),
                    # 折线图用次坐标轴，因此为 1
38              yaxis_index=1)
39      )
        # 散点图和折线图组合层叠
40  scatter.overlap(line)
        # 显示图片
41  scatter.render_notebook()
```

运行结果如下图所示。

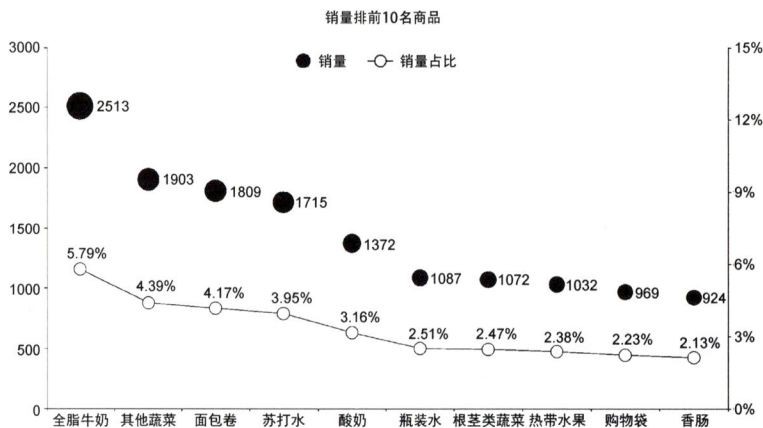

销量排前10名商品

3　数据建模与评估

（1）Apriori 算法的 Python 实现

① apriori 函数

在 Python 中，可以利用 mlxtend.frequent_patterns 模块中的 apriori 函数实现 Apriori 算法。其调用格式如下：

apriori(df, min_support=0.5, use_colnames=False, max_len=None, …)

apriori 函数的常用参数及说明如下表所示。

参　　数	说　　明
df	编码后的数据集
min_support	最小支持度，默认为 0.5
use_colnames	生成的数据集列名，默认为 False，若为 True，则生成的数据集列名将采用 df 的列名
max_len	产生项集的最大长度，默认为 None，即评估所有长度的项集

参数 df 中的值，要么为 0 或 1，要么为 True 或 False。例如，某超市销售苹果、香蕉、啤酒、鸡肉的情况如下表所示。

序　号	苹　果	香　蕉	啤　酒	鸡　肉
1	True	False	True	False
2	True	False	True	False
3	True	True	False	False
4	False	False	True	True

② TransactionEncoder 函数

mlxtend.preprocessing 模块中的 TransactionEncoder 函数可以将数据编码为 apriori 函数可接收的格式。

③ association_rules 函数

mlxtend.frequent_patterns 模块中的 association_rules 函数可以查看 apriori 函数输出的关联规则。其调用格式如下：

```
association_rules(df, metric="confidence",min_threshold=0.8, support_only=False)
```

association_rules 函数的常用参数及说明如下表所示。

参　　数	说　　明
df	DataFrame 格式的频繁项集，可为 apriori 函数的输出数据
metric	度量方法，包含 support、confidence、lift、leverage（影响力）和 conviction（确信度）
min_threshold	度量方法的最小阈值
support_only	默认为 False，若为 True，则只计算 support 的度量

关于 Apriori 算法的 Python 实现过程，后面会结合案例来展示。

（2）关联分析数据预处理

由于 apriori 函数接收的是编码后的数据集，所以需要提前对数据进行编码，而在此之前，需要将购物数据转换为一个商品清单，即列表（list）格式。

按订单 ID 将数据转换为列表格式。代码如下：

```
1  df_list=list()
2  for i in df[' 订单 ID'].unique():
3      df_goods=list(df[df[' 订单 ID']==i][' 商品名 '])
4      df_list.append(df_goods)
   # 查看前 5 条数据
5  df_list[:5]
```

运行结果如下：

[[' 柑橘 ',' 人造黄油 ',' 即食汤 ',' 半成品面包 '],

[' 咖啡 ',' 热带水果 ',' 酸奶 '],

[' 全脂牛奶 '],

[' 奶油乳酪 ',' 肉泥 ',' 仁果类水果 ',' 酸奶 '],

[' 炼乳 ',' 长面包 ',' 其他蔬菜 ',' 全脂牛奶 ']]

对上面的数据进行编码。代码如下：

```
    # 加载 mlxtend 相关模块用于关联分析
1   from mlxtend.preprocessing import TransactionEncoder
2   from mlxtend.frequent_patterns import apriori
3   from mlxtend.frequent_patterns import association_rules
    # 数据编码
4   te = TransactionEncoder()
5   te_ary = te.fit(df_list).transform(df_list)
6   df = pd.DataFrame(te_ary, columns = te.columns_)
```

下面利用 apriori 函数，采用最小支持度为 0.01、最小置信度为 0.6 的参数值来挖掘关联规则。代码如下：

```
    # 利用 Apriori 算法找出频繁项集，设置最小支持度为 0.01
1   freq = apriori(df, min_support=0.01, use_colnames=True)
    # 根据置信度提取关联规则，设置最小置信度为 0.6
2   association_rules(freq,metric='confidence',min_threshold=0.6)
```

得到的初次关联规则结果如下表所示。

antecedents	consequents	antecedent support	consequent support	support	confidence	lift	leverage	conviction

可以看到：由于阈值设定得过大，导致没有规则生成，所以需要对参数中支持度和置信度阈值进行调整。这是一个不断调整尝试的过程。

▶ **如何较好地调整支持度和置信度阈值**

一般而言，由于要研究的数据集是海量的，所以想要考察的规则不可能占有其中的绝大部分，因此支持度阈值一般设得较小。但是由于需要剔除无意义的项集，获得强关联规则，因此置信度阈值一般设得较大。

在设置阈值时，如果设得过大，则容易丢失有用的信息；如果设得过小，则生成的规则数量将会很大。最终的关联规则，是根据问题的需要来决定的。在调整中如果更加注重项集在总体中所占的比例，则可以适当地增大支持度阈值；如果更注重规则本身的可靠性，则可以适当地增大置信度阈值。

具体操作时，可以先使用默认参数来生成规则，再进一步调整到设想的规模或强度。

经过多次调整，最终采用最小支持度为 0.01、最小置信度为 0.5 的参数值。这主要是为了观察销量较大的商品，同时保证每条关联规则的样本数量。由于关联规则结果的排序与支持度、置信度和提升度是没有关系的，因此在这里按照提升度的大小对关联规则进行降序排列。

```
    # 利用 Apriori 算法找出频繁项集，设置最小支持度为 0.01
1   freq = apriori(df, min_support=0.01, use_colnames=True)
    # 根据置信度提取关联规则，设置最小置信度为 0.5
2   association = association_rules(freq,metric='confidence',min_threshold=0.5)
    # 关联规则按提升度降序排列
3   association.sort_values(by='lift',ascending=False,inplace=True)
    # 显示前 10 条关联规则
4   association[0:10]
```

得到调整后的关联规则结果如下页表所示。

antecedents	consequents	antecedent support	consequent support	support	confidence	lift	leverage	conviction
{柑橘 , 根茎类蔬菜 }	{其他蔬菜 }	0.017692	0.193493	0.010371	0.586207	3.029608	0.006948	1.949059
{热带水果 , 根茎类蔬菜 }	{其他蔬菜 }	0.021047	0.193493	0.012303	0.584541	3.020999	0.008231	1.941244
{面包卷 , 根茎类蔬菜 }	{其他蔬菜 }	0.024301	0.193493	0.012201	0.502092	2.594890	0.007499	1.619792
{酸奶 , 根茎类蔬菜 }	{其他蔬菜 }	0.025826	0.193493	0.012913	0.500000	2.584078	0.007916	1.613015
{酸奶 , 凝乳 }	{全脂牛奶 }	0.017285	0.255516	0.010066	0.582353	2.279125	0.005649	1.782567
{其他蔬菜 , 黄油 }	{全脂牛奶 }	0.020031	0.255516	0.011490	0.573604	2.244885	0.006371	1.745992
{热带水果 , 根茎类蔬菜 }	{全脂牛奶 }	0.021047	0.255516	0.011998	0.570048	2.230969	0.006620	1.731553
{酸奶 , 根茎类蔬菜 }	{全脂牛奶 }	0.025826	0.255516	0.014540	0.562992	2.203354	0.007941	1.703594
{其他蔬菜 , 本地蛋类 }	{全脂牛奶 }	0.022267	0.255516	0.012303	0.552511	2.162336	0.006613	1.663694
{酸奶油 , 酸奶 }	{全脂牛奶 }	0.020742	0.255516	0.010880	0.524510	2.052747	0.005580	1.565719

可以看到 : 在当前的支持度阈值下，关联规则结果主要是与全脂牛奶和其他蔬菜相关的，这与这两种商品销量最高相符合。

4　可视化

利用散点图和关系图对关联规则进行可视化。

（1）散点图

对关联规则绘制散点图，其中横坐标为支持度，纵坐标为置信度，点的大小取决于提升度的高低。代码如下 :

```
1   import matplotlib.pyplot as plt
    # 设置中文字符
2   plt.rcParams['font.family']=['SimHei']
    # 点的大小按提升度指数变化
3   plt.scatter(association['support'],association['confidence'],s=5**association['lift'])
4   plt.xlabel(" 支持度 ")
5   plt.ylabel(" 置信度 ")
```

运行结果如下图所示。

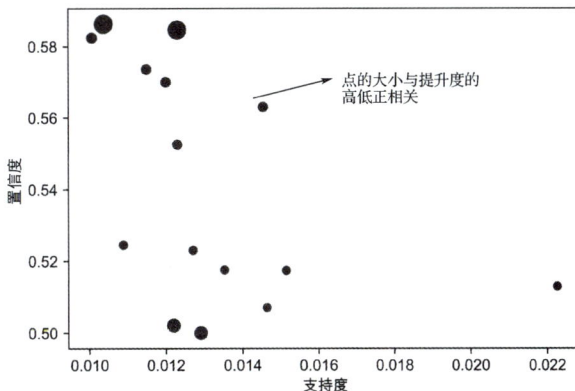

（2）关系图

pyecharts 库中的 Graph 函数可以实现关系图的可视化，其配套的 add 函数的调用格式如下：

```
add (series_name, nodes, links, repulsion, edge_symbol,…)
```

add 函数的常用参数及说明如下表所示。

参　数	说　明
series_name	系列名称，用于提示的显示图例的筛选
nodes	关系图节点
links	关系图连接
repulsion	节点之间的斥力因子。支持设置成数组表达斥力的范围，此时不同大小的值会线性映射为不同的斥力，值越大则斥力越大
edge_symbol	边两端的标记类型。可以用一个数组分别指定两端，也可以用单个数统一指定。默认不显示标记，常见的是设置为箭头，如 edgeSymbol: ['circle', 'arrow']

关于 Graph 函数的更多帮助，可以查看帮助文档。

Graph 函数的帮助文档

为了便于观察，对提升度最高的 5 条关联规则绘制关系图。代码如下：

```
    # 提取提升度最高的 5 条关联规则，并将索引重置
1   association_rule=association[0:5].reset_index()
    # 创建关联规则编号
2   association_rule['rule']=range(len(association_rule))
    # 转换为字符串类型
3   association_rule['rule']=association_rule['rule'].astype(str)
    # 命名为 rule+编号
4   association_rule['rule']='rule'+association_rule['rule']
    # 创建关系图节点
5   nodes1=frozenset()
6   for i in range(len(association_rule)):
        # 将所有的商品名提取到一个集合中
7       nodes1=nodes1|association_rule['antecedents'][i]|association_rule['consequents'][i]
    # 转换为列表
8   nodes1=list(nodes1)
9   nodes=[]
    # 设置节点为商品的节点
10  for i in nodes1:
        # 配置节点的名称、形状大小、形状和颜色
11      nodes.append({"name":i,"symbolSize": 20,"symbol":'rect',"itemStyle": {"normal":
{"color": '#00CACA'}}})
    # 设置节点为规则编号的节点
12  for i in range(len(association_rule)):
13      nodes.append({"name":association_rule['rule'][i],"symbolSize":association_
```

```
       rule['support'][i]*4000,"symbol":'circle'})
       # 创建关系图连接
14  links = []
15  for i in range(len(association_rule)):
           # 设置连接到关联规则编号的连接
16         source1=list(association_rule['antecedents'][i])
17         target1=association_rule['rule'][i]
18         for j in source1:
19             links.append({"source": j, "target": target1})
           # 设置由关联规则编号出发的连接
20         source2=association_rule['rule'][i]
21         target2=list(association_rule['consequents'][i])
22         for g in target2:
23             links.append({"source": source2, "target": g})
    # 绘制关系图
24  from pyecharts import options as opts
25  from pyecharts.charts import Graph
26  c = (
       # 设置图的宽度和高度
27     Graph(init_opts=opts.InitOpts(width="1400px", height="700px"))
        # 添加节点和连接，设置连接样式为箭头
28     .add("", nodes, links,repulsion=1000, edge_symbol=[' ', 'arrow'])
       # 设置图的标题和位置
29     .set_global_opts(title_opts=opts.TitleOpts(title=" 前 5 条关联规则关系图 ",pos_left='center'))
30  )
    # 显示图片
31  c.render_notebook()
```

运行结果如下图所示。

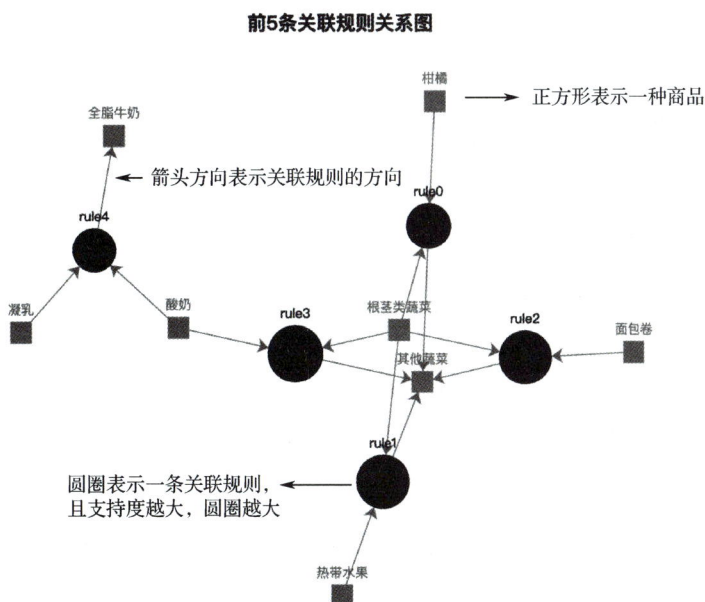

前5条关联规则关系图

可选择将图中某条关联规则的细节突出显示，如下图所示。

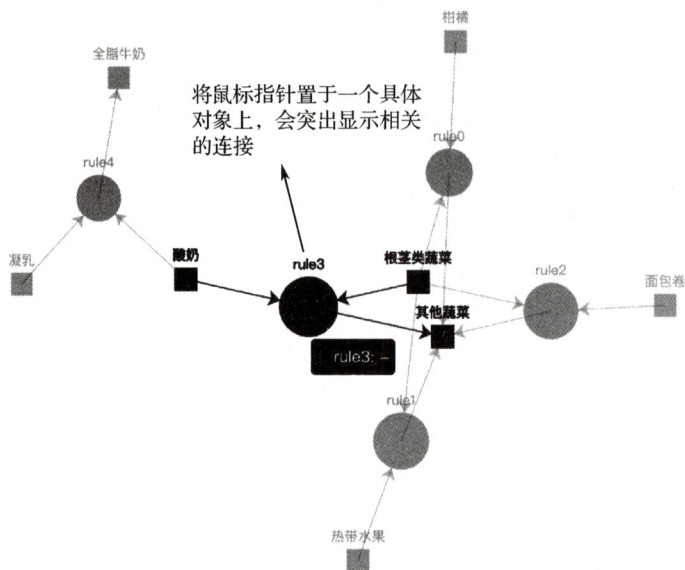

利用关系图可以清晰地看到商品之间的关联关系。

5 编写分析报告

超市商品销售关联分析

● 分析目的：掌握超市热销商品情况，分析商品之间的关联性。

● 数据来源：超市购物清单数据，包含 9835 条购物记录。

一、商品热销分析（见下图）

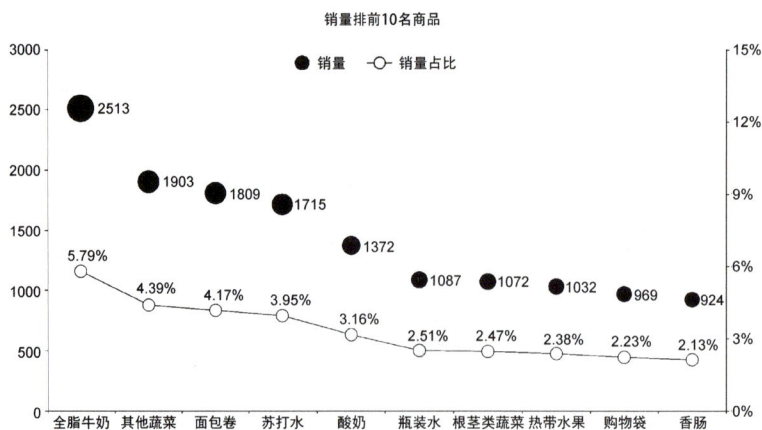

全脂牛奶是销量最高的商品，销量为 2513 件，占比约为 5.79%。此外，其他蔬菜、面包卷、苏打水等也是热销商品。销量排前 10 名的所有商品销量占比合计为 33.18%。

二、商品关联分析（见下图）

前5条关联规则关系图

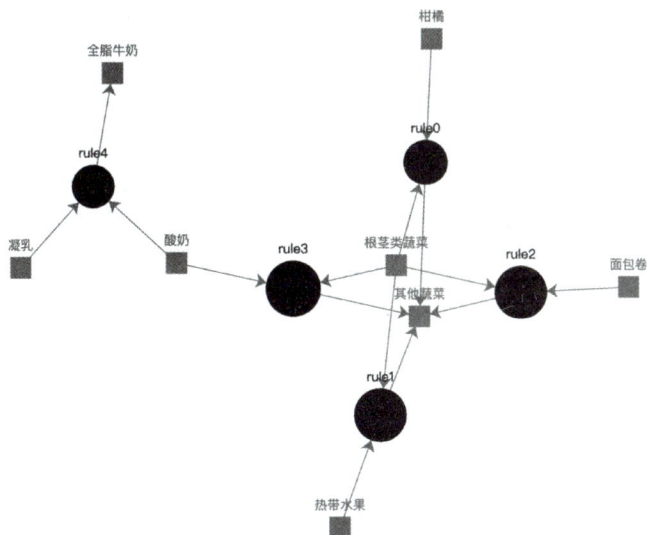

前 10 条主要关联规则如下表所示。

关 联 规 则	关 联 规 则
{柑橘,根茎类蔬菜} → {其他蔬菜}	{热带水果,根茎类蔬菜} → {其他蔬菜}
{面包卷,根茎类蔬菜} → {其他蔬菜}	{酸奶,根茎类蔬菜} → {其他蔬菜}
{酸奶,凝乳} → {全脂牛奶}	{其他蔬菜,黄油} → {全脂牛奶}
{热带水果,根茎类蔬菜} → {全脂牛奶}	{酸奶,根茎类蔬菜} → {全脂牛奶}
{其他蔬菜,本地蛋类} → {全脂牛奶}	{酸奶油,酸奶} → {全脂牛奶}

三、建议措施

● 由于全脂牛奶和其他蔬菜的销量较高，且其他商品与其同时购买的关联性较强，可以考虑将这两种商品放在顾客购买商品的必经之路或显眼位置，便于顾客拿取。

● 由于顾客在购买蔬菜类商品的同时，购买全脂牛奶的概率较大，可以考虑将蔬菜类商品和牛奶类商品邻近摆放。

● 从"{酸奶,凝乳} → {全脂牛奶}"规则可以看出，奶制品中的不同细分产品之间有促进消费的作用，所以可以适当地扩充奶制品种类。

展示与分享

分组完成任务后，每组派代表上台讲解完成情况，分享得失和经验教训，其余组给出评价，教师综合点评。

7.5 实践应用

某家面包店经营面包等多种商品。

现有 9684 条销售数据，包含了 20507 个条目，数据存储在 bread_basket.csv 文件中。部分数据如下表所示。

订单 ID	商 品 名
1	面包
2	三明治
3	热巧克力
3	果酱
3	饼干

具体实践内容如下。

实践 1：对销量排在前 10 名的商品进行热销分析。

（参考 7.4 节的知识点：热销商品分析）

实践 2：对销售数据进行关联分析，给出主要关联规则。

（参考 7.4 节的知识点：关联分析、支持度、置信度、提升度和 Apriori 算法）

7.6　后测

注意：要求在 30 分钟内完成，并完成下页的学习报告单。

问题 1：请构建思维导图，描述本章案例实现的详细步骤，并写出每个步骤的作用或目的。（对应情感目标：使用数学或结构化逻辑思维分析与理解问题，20 分）

问题 2：下表中的数据是某商店 5 个顾客的消费记录，其中 1 表示该项有消费，0 表示无消费。

顾客 ID	商品 A	商品 B	商品 C	商品 D
1	1	0	0	1
2	0	1	0	0
3	1	1	1	0
4	1	1	0	0
5	0	1	1	0

（1）假设最小支持度为 0.3，那么由此产生的频繁项集有哪些？（对应知识目标：支持度，20 分）

（2）关联规则"商品 C → 商品 B"和"商品 C → 商品 A"的支持度、置信度和提升度分别是多少？（对应知识目标：支持度、置信度、提升度，40 分）

（3）该商店老板想采用捆绑销售形式进行促销。他应该将商品 C 与商品 A 捆绑销售还是将商品 C 与商品 B 捆绑销售？（对应知识目标：理解关联分析；对应技能目标：实现关联分析的应用，20 分）

学习报告单

学习目标完成度（5 分制）： □素质目标： □知识目标： □技能目标：
前测成绩：　　　　　　　　　　　　　　　（排名　／　） □问题 1： □问题 2： □问题 3：
后测成绩：　　　　　　　　　　　　　　　（排名　／　） □问题 1： □问题 2：
任务完成情况（5 分制）： □知识理解： □团队协作： □结果呈现： □表现分享：

7.7　拓展学习

推荐资源

Apriori 算法示例

Apriori 是经典的挖掘频繁项集的算法，主要过程是找出所有频繁项集，再筛选出满足最小置信度阈值的强关联规则。该算法利用频繁项集的所有非空子集也必须是频繁项集的性质，减少了计算量。

下面给出一个用 Apriori 算法找出频繁项集的示例（假设最小支持度为 40%，那么最小支持度计数为 5×40%=2，其中 5 为项的个数）。

Apriori 算法主要过程如下页图所示。

数据库

项集
{A,C,D}
{B,C,E}
{A,B,C,E}
{B,E}

扫描数据库

计算每个项的支持度计数，即候选1-项集

候选1-项集	支持度计数
{A}	2
{B}	3
{C}	3
{D}	1
{E}	3

筛选出频繁1-项集

频繁1-项集	支持度计数
{A}	2
{B}	3
{C}	3
{E}	3

产生候选2-项集

项集
{A,B}
{A,C}
{A,E}
{B,C}
{B,E}
{C,E}

计算候选2-项集的支持度计数

候选2-项集	支持度计数
{A,B}	1
{A,C}	2
{A,E}	1
{B,C}	2
{B,E}	3
{C,E}	2

筛选出频繁2-项集

频繁2-项集	支持度计数
{A,C}	2
{B,C}	2
{B,E}	3
{C,E}	2

产生候选3-项集

项集
{B,C,E}

计算候选3-项集的支持度计数

候选3-项集	支持度计数
{B,C,E}	2

筛选出频繁3-项集

频繁3-项集	支持度计数
{B,C,E}	2

可以发现已经没有候选 4- 项集，Apriori 算法找出频繁项集的步骤至此结束，后续利用最小置信度阈值生成强关联规则。

对于含有 5 个项的数据集，需要枚举所有项集，会产生 $C_5^1 + C_5^2 + C_5^3 + C_5^4 = 30$ 个候选项，才能确定没有频繁 4- 项集，而利用 Apriori 算法，一共产生了 12 个候选项就可以终止计算，计算量大大减少。

7.8　回顾与反思

提示：每个知识点与技能点学习完成后，边回忆边写学习笔记，将所学知识、技能、个人感想及可分享资源记录下来，再将整个"知识与技能学习"模块的逻辑关系绘制成思维导图。

第8章
商品评价分析：文本分析

学习目标

素质目标：培养刻苦钻研的科学探究精神。

知识目标：理解分词和词频统计的作用和意义，理解潜在狄利克雷分配（LDA）主题模型。

技能目标：能够对文本进行分词处理，实现词频统计和绘制词云，能够建立 LDA 主题模型并进行主题分析。

导入：在日常的网络聊天中，通常会通过重复的方法来凸显某句话的重要性。大家经常讲，重要的事情说三遍，也是这个意思。重复次数多的词语，往往是要凸显的主题。通过 Python 编程可以发现不同词语的使用频率，从而更好地把握重点。

8.1 前测

> 前置知识要求：字符串的处理，字符串替换、字符串大小写转换、字符串连接。本测试要求在 15 分钟内完成，并完成下面的学情分析单。

问题 1：将字符串 abcabc 中的 a 替换为 d。（字符串替换，5 分）

问题 2：将大写字母 A 转换为小写字母 a。（字符串大小写转换，5 分）

问题 3：将字符 a、b、c 用 . 连接起来。（字符串连接，10 分）

学情分析单

前置知识：	5	4	3	2	1
前置技能（经验）：	5	4	3	2	1
学习动机：					
学习风格与特征：					

8.2 概念理解

◎ 分词

分词就是将由连续字符组成的句子按照一定规则划分成一个个独立词语的过程，简单讲就是将句子拆分成符合逻辑的词语的过程。

◎ 词频统计

词频统计指的是根据分词的结果，对句子中的词语在文本中出现的频率进行统计。通过分析词语的出现频率来推断整个文本的重点。

◎ 主题模型

主题模型就是在一系列文档中发现抽象主题的统计模型，适用领域有文档聚类、信息提取和特征选择等。比如，在新闻领域，利用主题模型的统计结果来提升文章被引擎推荐的概率；在招聘领域，利用主题模型来提取工作要求中的潜在信息，并用模型的拟合结果来匹配候选人。此外，主题模型还被用于处理大规模的非结构化数据，如邮件、用户评论和用户社交数据等。

8.3 任务单

在网购过程中，用户会产生海量的行为数据，其中商品评论数据反映了用户对产品和服务的主观感受，非常具有研究价值。某商家通过爬虫获取了京东商城格力京东自营旗舰店下的格力 KFR-26GW/NhPaB1W 型云锦空调的好评数据。对商家而言，可以根据评论数据了解用户的喜好，从而优化产品，提升服务，提高竞争力；对用户而言，可以根据评论数据了解产品的优缺点、性价比、售后服务等情况，从而为购物提供参考依据。部分用户评价如下图和下页表所示。

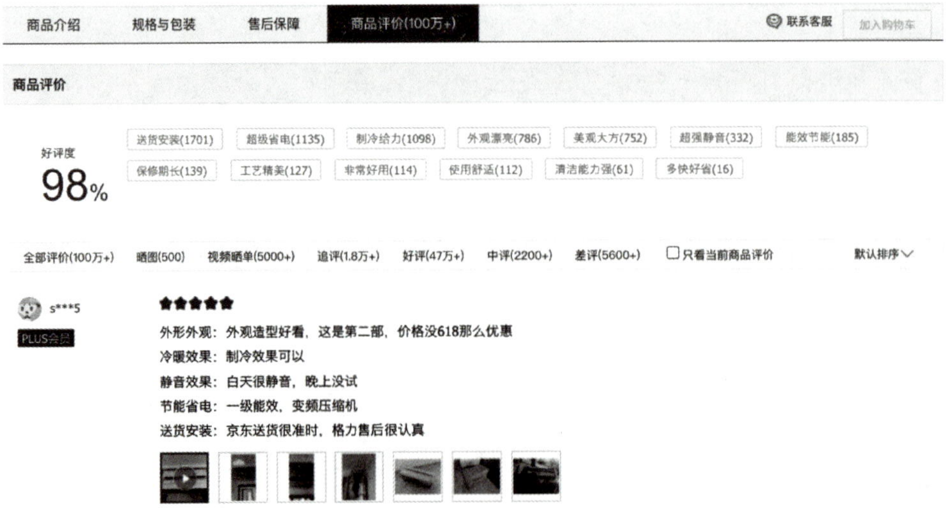

会　　员	评价星级	评价内容	点赞数	评论数	追评时间	追评内容
p***6	star5	安装师傅态度很好，进门穿鞋套，抽真空整整 20 分钟，技术也是杠杠滴。由于同一个地方需要安装两台空调外机，所以特别注意管子长短和支架高低，空出了地方以便第二台的安装。装好并确认无误后才离开，必须五星好评！还没有正式使用，12 平方米左右的房间就开了 5 分钟，已经很凉快了。静音效果要等晚上再感受了，目前感觉挺安静	0	2		
a***0	star5	到货很快，送货员直接扛过来，很好的物流公司。空调外观很美观大方，流线型，很现代。开机后很凉快，两块导风板可调角度，可以不直接吹到人。声音不是很大，静音效果好。有很多功能，手机"小鲸鱼"和"格力＋"App 可以直接控制，设置简单。热风没有试，安装师傅说气温高试不了。安装师傅很专业，手艺很好	14	14		

具体任务如下。

任务 1：根据评论数据分析用户的反馈主要集中在哪些具体事项上。

任务 2：进一步归纳用户反馈主要集中在哪些大的方面。

8.4　知识与技能学习

- 文本分词。
- 词频统计。
- 绘制词云。
- LDA 主题模型。

1　业务需求理解

在评论数据中，用户对产品特征优缺点的反馈是商家关心的重点。因此可以通过对评论数据进行词频分析，了解用户对产品具体特征的反馈；还可以基于评论数据创建 LDA 主题模型，了解用户对产品的反馈主要集中在哪些大的方面。

（1）词频分析

词频分析就是对某个或某些给定的词语，统计、分析其在文本中出现的次数。对分词后的评论数据进行词频统计，就可以发现评论数据中频繁出现空调的特征词汇，从而了解空调的产品特征。进行词频统计后，可以绘制词云，进行可视化展示，将出现频率较高的词语给予视觉上的强调。

在对文本进行词频分析之前，需要将一个个句子分解成单个词语，这就需要对文本进行分词处理。

（2）文本分词

文本分词就是将连续的字序列按照一定的规范重新组合成词序列的过程。分词的示例如下表所示。

原 始 语 句	分 词 后
静音效果很好，能安稳睡觉	静音 / 效果 / 很 / 好 / 能 / 安稳 / 睡觉

一般分词的结果往往是不完美的，主要表现为存在有歧义词、未被词典收录词和停用词。

① 有歧义词

分词的歧义问题通过下表中的示例能更好地理解。

原 始 语 句	分 词 一	分 词 二
从马上跳下来	从 / 马上 / 跳下来	从 / 马 / 上 / 跳下来
使用户满意	使 / 用户 / 满意	使用 / 户 / 满意

② 未被词典收录词

未被词典收录词指没有收录在词典中的词，如某些人名、地名、机构名、专业术语及新词等，如"张三""5G""随机森林"等。

如果分词中出现未被词典收录词，可以使用建立用户词典的方法，将词语增加到词典中。

③ 停用词

通常文本中会大量存在出现频率很高但实际意义不大的词语，如"我""是""的""在"等，这类词称为停用词。可以先整理出停用词库，根据停用词库去掉文本中的停用词。

（3）LDA 主题模型分析

LDA 主题模型认为每篇文档的每个词都通过一定的概率选择某个主题，并从这个主题中以一定的概率选择某个词语。通过 LDA 主题模型能够挖掘数据集中的潜在主题，进行主题聚类或文本分类。同时它也是一种典型的词袋模型，即一篇文档由一组词构成，词与词之间没有先后顺序关系。此外，一篇文档可以包含多个主题，文档中的每个词都来自其中的一个主题。

通过对空调用户评论数据进行 LDA 主题模型分析，可以实现评论数据的主题聚类，了解评论数据主要反映了用户的哪些关注点，如服务、产品、物流、品牌等。

对该空调评论数据的分析流程大致如下图所示。

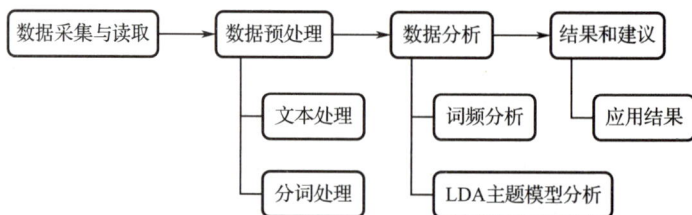

2 数据采集与预处理

（1）数据采集与读取

评论数据通过八爪鱼软件从京东商城爬虫获取而来。

将用户评论数据"京东商品评论——空调 .xlsx"导入 Python。代码如下：

```
1   import pandas as pd
    # 读取数据
2   data = pd.read_excel(' 京东商品评论——空调 .xlsx')
```

（2）数据预处理

对评论数据进行预处理会发现数据有以下情况。

① 评价星级均为 star5，说明数据均为好评数据，故本次分析为好评分析。

② 追评内容中只包含 32 条有效数据，数据量太小，可将评价内容和追评内容合并在一起，统一作为评价内容处理。代码如下：

```
    # 合并评价内容和追评内容
1   data['comment'] = data[' 评价内容 '] + data[' 追评内容 '].astype(str)
    # 删除空的评价数据
2   data['comment'] = data['comment'].str.replace('nan','')
```

③ 评论内容中同一英文词汇存在大写和小写两种形式，如 APP 和 app，但其意义是一样的，故可以统一转换为小写字母。代码如下：

```
    # 将英文字母转换为小写字母
1   data['comment'] = data['comment'].str.lower()
```

④ 使用 Python 读取评论数据后，会存在换行符。展示的形式如下图所示。

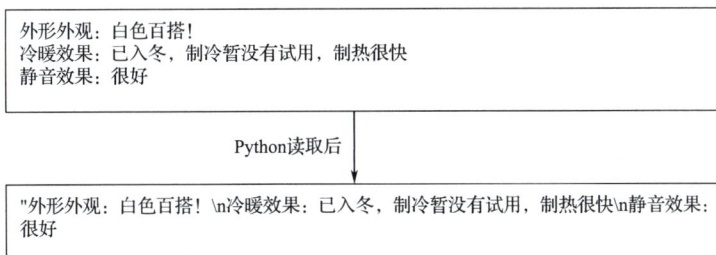

```
外形外观：白色百搭！
冷暖效果：已入冬，制冷暂没有试用，制热很快
静音效果：很好
```

Python读取后

```
"外形外观：白色百搭！\n冷暖效果：已入冬，制冷暂没有试用，制热很快\n静音效果：
很好
```

Python 读取后的评论中有很多 \n。这是因为 \n 表示换行符，Python 会将换行符一并读取。对于这类符号，可以直接删除。代码如下：

```
    # 删除换行符
1   data['comment'] = data['comment'].str.replace(r"\n",' ')
```

⑤ 删除重复的评论。代码如下：

```
    # 删除重复的评论
1   data['comment'].drop_duplicates(keep='first', inplace=True)
2   comms=data['comment']
```

3 数据建模与评估

（1）初次分词和词频统计

① 分词的 Python 实现

在 Python 中，jieba 模块可以对中文进行分词，其中 jieba.lcut 方法可以得到分词列表。其调用格式如下：

```
jieba.lcut(sentence)
```

jieba.lcut 函数的常用参数及说明如下表所示。

参　数	说　明
sentence	需要被分割的句子

▶ jieba 安装

　　Anaconda 中没有预先安装 jieba 模块，所以需要自行安装。只需在计算机命令行窗口中输入 pip install jieba 命令即可（见下图）。

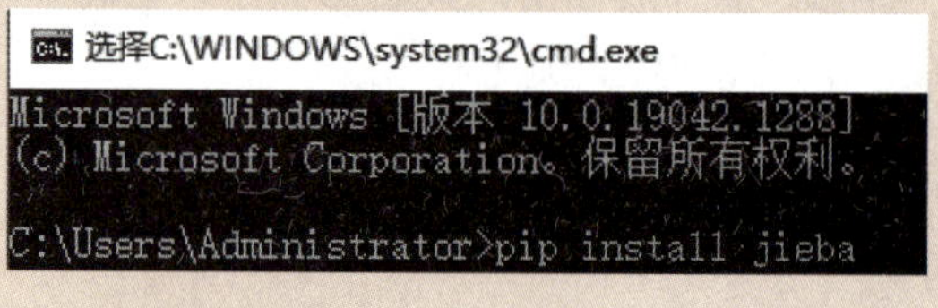

② 词频统计的 Python 实现

　　在 Python 中，collections 模块中的 Counter 函数可以实现对词频的统计。其调用格式如下：

```
Counter(text)
```

　　其中，text 是需要统计的词列表。
　　对预处理后的数据直接进行分词和词频统计。代码如下：

```
     # 将所有评论合并成一个字符串
1    total_comms = ''
2    for com in comms:
3        total_comms += com
     # 分词和词频统计
4    from collections import Counter
5    import operator
6    import jieba
     # 分词
7    comm_text = jieba.lcut(total_comms)
     # 词频统计
8    freqs = Counter(comm_text)
     # 词频按照用户词典中的值降序排列
9    sorted_freqs = sorted(freqs.items(),key=operator.itemgetter(1), reverse=True)
     # 显示结果
10   print(sorted_freqs)
```

　　经过分词和词频统计后，词频前 10 项的词如下表所示。

词	词　频	词	词　频
，	5968	了	1073
的	1454	好	861
很	1418	空调	701
。	1258	师傅	700
安装	1249	：	685

可以看到结果中存在很多停用词，如"，""的""很""。"等，有必要建立停用词库。

此外，结果中还有"售后服务""售后""服务"，这 3 个词的意思交叉重复。因此，可以在用户词典里将"售后服务"分为"售后"和"服务"两个词。然后在停用词库和用户词典的基础上，再进行分词和词频统计。

（2）基于停用词库和用户词典的分词与词频统计

构建停用词库和用户词典的过程，往往是一个根据分析结果反复修改的过程。两个文件均以文本文档格式存储在当前工作路径下，停用词库为 stopword.txt，用户词典为 userword.txt。加入停用词库和用户词典后再进行分词和词频统计。代码如下：

```
    # 加载用户词典
 1  jieba.load_userdict('userword.txt')
    # 分词
 2  comm_text = jieba.lcut(total_comms)
    # 创建一个列表对象用于存储停用词库
 3  stopword = []
    # 读入停用词库，并存储成一个列表
 4  with open('stopword.txt', 'r', encoding='UTF-8') as f:
 5      words = f.readlines()
 6      for word in words:
 7          stopword.append(word.strip())
    # 采用列表表达式删除分词中的停用词
 8  comm_without_stopword = [w for w in comm_text if not w in stopword]
    # 词频统计
 9  freqs = Counter(comm_without_stopword)
    # 词频降序排列
10  sorted_freqs = sorted(freqs.items(), key=operator.itemgetter(1), reverse=True)
11  print(sorted_freqs)
```

得到的词频前 20 项的词如下表所示。

词	词　频	词	词　频
安装	1249	电	176
师傅	700	节能	169
效果	622	格力空调	169
制冷	476	外形	163
静音	422	京东	163
格力	400	一级	160
外观	313	冷暖	153
送货	310	省	146
很快	292	服务	142
声音	248	品牌	136

（3）绘制词云

词频统计完成后，通过绘制词云进行可视化展示。

在 Python 中，可以使用 wordcloud 模块中的 WordCloud 函数绘制词云。其调用格式如下：

> WordCloud(font_path=None,width=400,height=200,…,stopwords=None,random_state=None,background_
> color='black',collocations=False,…)

WordCloud 函数的常用参数及说明如下表所示。

参　　数	说　　明
font_path	需要使用的字体的路径
width	生成图片的宽度
height	生成图片的高度
stopwords	需要使用的停用词
random_state	设置的随机数种子
background_color	图片的背景色
collocations	是否包括两个词的搭配

▶ wordcloud 安装

Anaconda 中没有预先安装 wordcloud 模块，所以需要自行安装。只需在计算机命令行窗口中输入 pip install wordcloud 命令即可（见下图）。

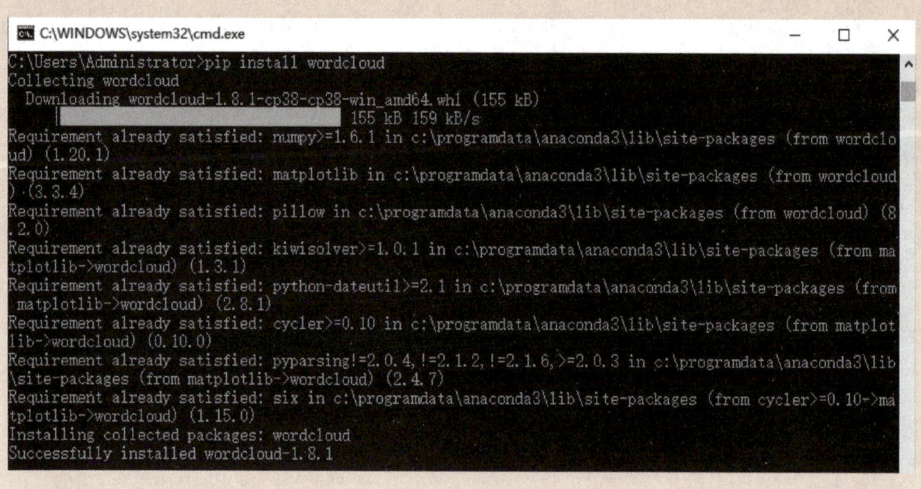

绘制词云的代码如下：

```
    # 对词频统计后绘制词云
1   from wordcloud import WordCloud
    # font_path 表示给定相应字体包的路径，需要将中文字体包 simsun.ttf 放到该路径下，下列代
    码的文件路径即当前工作目录
2   c=WordCloud(font_path='simsun.ttf',
                # 设置图片背景颜色为白色
                background_color='white',
                # 不包括两个词的搭配
                collocations=False)
    # 对删除停用词后的字符串绘制词云
```

```
3   c.generate(' '.join(comm_without_stopword))
    # 可视化展示
4   import matplotlib.pyplot as plt
5   plt.imshow(c)
    # 不显示坐标轴
6   plt.axis('off')
```

得到的评论数据词云如下图所示。

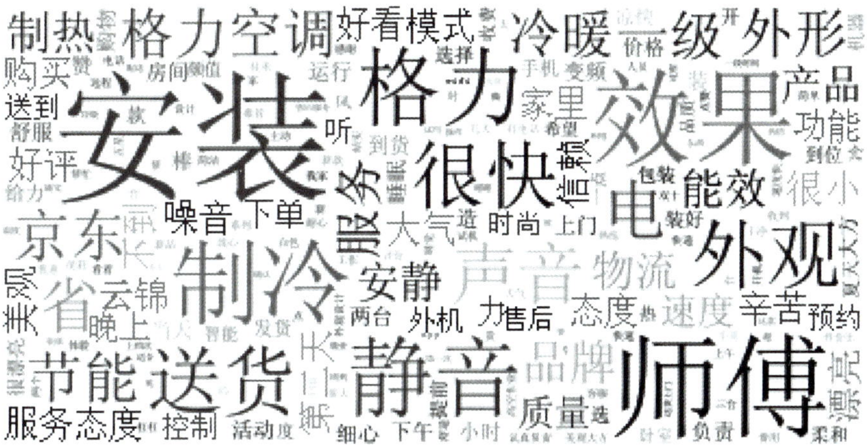

左图彩色版

（4）LDA 主题模型的 Python 实现

下面利用 LDA 主题模型，进一步了解用户对产品的反馈主要集中在哪些大的方面。

① 创建 LDA 主题模型

在 Python 中，sklearn.decomposition 模块中的 LatentDirichletAllocation 函数可以用来创建 LDA 主题模型。其调用格式如下：

LatentDirichletAllocation(n_components=10,*,doc_topic_prior=None, topic_word_prior=None,learning_method='batch',learning_decay=0.7,max_iter=10, batch_size=128, evaluate_every=- 1,…)

LatentDirichletAllocation 函数的常用参数及说明如下表所示。

参　　数	说　　明
n_components	主题数
doc_topic_prior	文档主题分布的先验
topic_word_prior	主题词分布的先验
learning_method	更新主题的方法，有 batch 和 online 两种
learning_decay	在 online 学习方法中用来控制学习率的参数
max_iter	最大的迭代次数
batch_size	online 学习方法中使用的文档数
evaluate_every	计算困惑度的频率

LatentDirichletAllocation 函数的一些配套使用方法及说明如下页表所示。

方　　法	说　　明
fit(X)	训练模型。X 可为词条—文档矩阵对象
predict(X)	训练模型并进行转换
perplexity(X)	计算混淆度，用于主题数选择。主题数选择混淆度最小的模型

② 建立词条—文档矩阵

因 LDA 主题模型函数 LatentDirichletAllocation 接收词条—文档矩阵对象，所以首先创建词条—文档矩阵。

sklearn.feature_extraction.text 模块中的 CountVectorizer 函数可以用来创建词条—文档矩阵对象。其调用格式如下：

```
vectorizer = CountVectorizer()
X = vectorizer.fit_transform(corpus)
```

关于 LDA 主题模型的具体实现过程，下面结合案例来演示。

建立词条—文档矩阵。代码如下：

```
1   from sklearn.feature_extraction.text import CountVectorizer
2   from sklearn.decomposition import LatentDirichletAllocation
    # 建立矩阵
3   corpus = []
4   for com in comms:
5       text = ' '.join(jieba.cut(com))
6       corpus.append(text)
    # 创建词条—文档矩阵对象，删除停用词，设最小频率为 5
7   vectorizer = CountVectorizer(stop_words=stopword, min_df=5)
    # 根据分词数据创建词条—文档矩阵
8   X = vectorizer.fit_transform(corpus)
    # 获取主题词库
9   feature_names = vectorizer.get_feature_names()
```

③ 选择 LDA 模型主题数

选择 LDA 模型的主题数。代码如下：

```
    # 设置主题数范围为 3 ～ 15，进行探索比较
1   n_topics = range(3, 15)
    # 初始化混淆度
2   perplexityLst = [1]*len(n_topics)
    # 针对不同的主题数，训练 LDA 主题模型
3   lda_models = []
4   for idx, n_topic in enumerate(n_topics):
        # 创建 LDA 主题模型对象
5       lda = LatentDirichletAllocation(n_components=n_topic,max_iter=20,learning_method='online',
    learning_offset=20,random_state=42)
        # 训练模型
6       lda.fit(X)
        # 计算当前模型的混淆度
7       perplexityLst[idx] = lda.perplexity(X)
    # 输出推荐主题数
```

```
8    best_index = perplexityLst.index(min(perplexityLst))
9    best_n_topic = n_topics[best_index]
10   print(" 推荐主题数：", best_n_topic)
     # 绘制不同主题数的混淆度
11   import matplotlib.pyplot as plt
12   plt.rcParams["font.family"] = 'SimHei'
13   plt.plot(n_topics, perplexityLst)
14   plt.xlabel(" 主题数 ")
15   plt.ylabel(" 混淆度 ")
16   plt.xticks(range(3,15))
```

运行结果如下面文字和下图所示。

推荐主题数：3

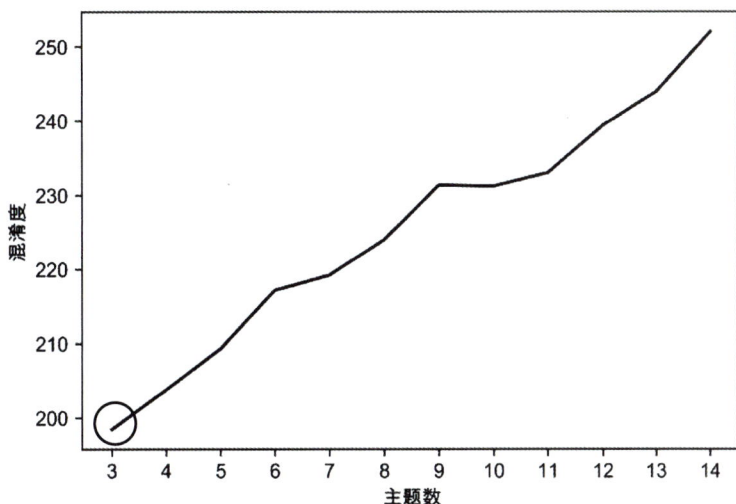

④ 建立主题数为 3 的 LDA 主题模型

下面建立主题数为 3 的 LDA 主题模型。代码如下：

```
1    lda = LatentDirichletAllocation(n_components=3, max_iter=20,learning_method='online',learning_
     offset=20, random_state=42)
2    lda.fit(X)
```

（5）查看每个主题中权重值最大的 10 个分词

查看每个主题中权重值最大的 10 个分词。代码如下：

```
     # 获取主题词库
1    feature_names = vectorizer.get_feature_names()
     # 获取主题数权重
2    vec_matrix = lda.components_
3    topic = 0
4    for vec_m in vec_matrix:
         # 把词库和词向量一一对应
5        vec_dict = [(name, vec) for name, vec in zip(feature_names, vec_m)]
         # 按照主题的权重值从大到小排列
6        vec_dict=sorted(vec_dict,key=operator.itemgetter(1),reverse=True)
         # 选出该主题下权重值最大的 10 个分词
```

```
7      vec_top10 = vec_dict[:10]
8      print(' 主题 %d:' %(topic), vec_top10)
9      topic += 1
```

得到的主题分析结果如下表所示。

主题 1	主题 2	主题 3
安装	安装	效果
格力	师傅	安装
很快	格力	外观
制冷	制冷	静音
师傅	京东	送货
声音	服务	制冷
静音	送货	外形
格力空调	品牌	节能
一级	物流	冷暖
模式	好评	师傅

4 编写分析报告

空调评价文本分析

● 分析目的：对用户评价进行分析，挖掘产品特点。

● 数据来源：购物网站。

一、词频和词云分析（见下图）

从词频和词云中可以看出："安装""师傅""效果""制冷""静音""格力"等词出现的频率较高，说明用户对空调的安装、空调本身的特点和品牌等方面比较认可。具体到空调本身，可以看到空调的制冷效果、静音、外观、节能等方面是用户反馈较多的优点。

二、LDA 主题模型分析（见下表）

主题 1	主题 2	主题 3
安装	安装	效果
格力	师傅	安装
很快	格力	外观
制冷	制冷	静音
师傅	京东	送货
声音	服务	制冷
静音	送货	外形
格力空调	品牌	节能
一级	物流	冷暖
模式	好评	师傅

　　分析结果反映了格力 KFR-26GW/NhPaB1W 型云锦空调的潜在主题。由于本次分析都是好评数据，可以看出：

　　● 主题 1 中的高频词汇 "制冷" "声音" "静音" 等，反映出格力空调自身的质量不错。

　　● 主题 2 中的高频词汇 "服务" "送货" "物流" 等，反映出格力空调在安装和物流等方面服务较好。

　　● 主题 3 中的高频词汇 "效果" "外形" "节能" 等，反映出用户对空调的外形和节能方面的认可。

　　三、建议

　　● 用户方面：对安装服务、制冷、静音、节能、外观等方面有要求的用户，可以考虑购买这款空调。

　　● 企业方面：可以将空调在安装服务、制冷、静音、节能、外观等方面的优点用于商品的销售展示，并进行强调。

展示与分享

　　分组完成任务后，每组派代表上台讲解完成情况，分享得失和经验教训，其余组给出评价，教师综合点评。

8.5　实践应用

　　在购物网站挑选商品时，用户经常会根据商品评价来大致了解商品特性，希望可以通过其他用户的使用反馈来帮助自己做决定。

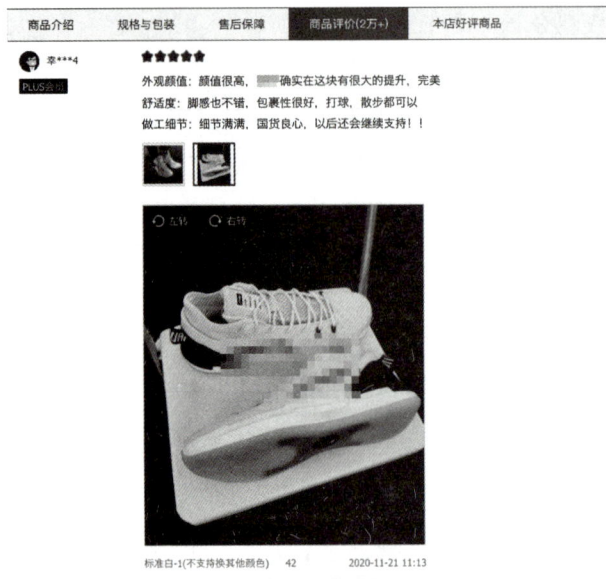

标准白-1(不支持换其他颜色)   42   2020-11-21 11:13

下表是某款鞋子的 10 个用户评价内容，通过分析这些用户的评价，能得出哪些关于产品的信息呢？

序　号	评价内容
1	正品、上脚舒服、质量好、鞋底软
2	质量好、鞋底软、版型好看
3	正品、上脚舒服、颜色正
4	轻便、颜色正、包装仔细
5	质量好、版型好看、轻便
6	版型好看、鞋底软、包装仔细
7	正品、轻便、鞋底太重
8	上脚舒服、质量好、物流快
9	版型好看、鞋底软、轻便
10	正品、包装仔细、轻便

通常可以从各用户评价里提取关键词来推断产品的特征，被提及次数越多的关键词越能代表产品的部分特征。通过分析这些关键词的词频能大致推断出商品评价所包含的信息。

具体实践内容如下。

实践 1：根据以上评价，统计商品评价中各关键词出现的次数，并绘制词云。

（参考 8.4 节的知识点：词频统计、绘制词云）

实践 2：根据这些关键词出现的次数，归纳出该款产品可能具备的特性。

实践 3：根据归纳出的特点，简述这些关键词对用户的购买决定有哪些影响。

8.6　后测

注意：要求在 20 分钟内完成，并完成下面的学习报告单。

问题：请对鲁迅的《故乡》进行分词处理和词频统计，并绘制词云。（对应技能目标：能够对文本进行分词处理、实现词频统计并绘制词云，30 分）

学习报告单

学习目标完成度（5 分制）： □素质目标： □知识目标： □技能目标：
前测成绩：　　　　　　　　　　　　　　　　　（排名 　/ 　） □问题 1： □问题 2： □问题 3：
后测成绩：　　　　　　　　　　　　　　　　　（排名 　/ 　） □问题：
任务完成情况（5 分制）： □知识理解： □团队协作： □结果呈现： □表现分享：

8.7　拓展学习

推荐资源

用八爪鱼软件采集数据

1. 安装八爪鱼软件

打开八爪鱼官网（见下图），下载八爪鱼软件并进行安装。

打开安装好的八爪鱼软件，注册并登录（见下图）。

2. 数据采集示例

用八爪鱼软件抓取京东商城中格力 KFR-26GW/NhPaB1W 型云锦空调的评论数据。

（1）在八爪鱼软件【首页】窗口中的【热门采集模板】栏目中单击【京东】图标，如下图所示。

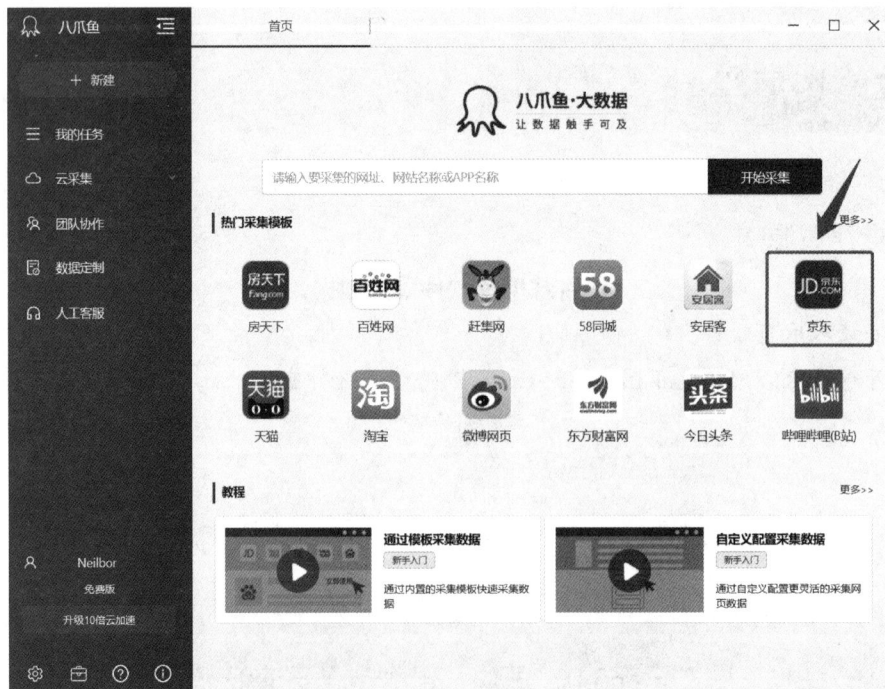

（2）在打开的【采集模板】窗口中单击【京东商品评论】图标，如下页图所示。

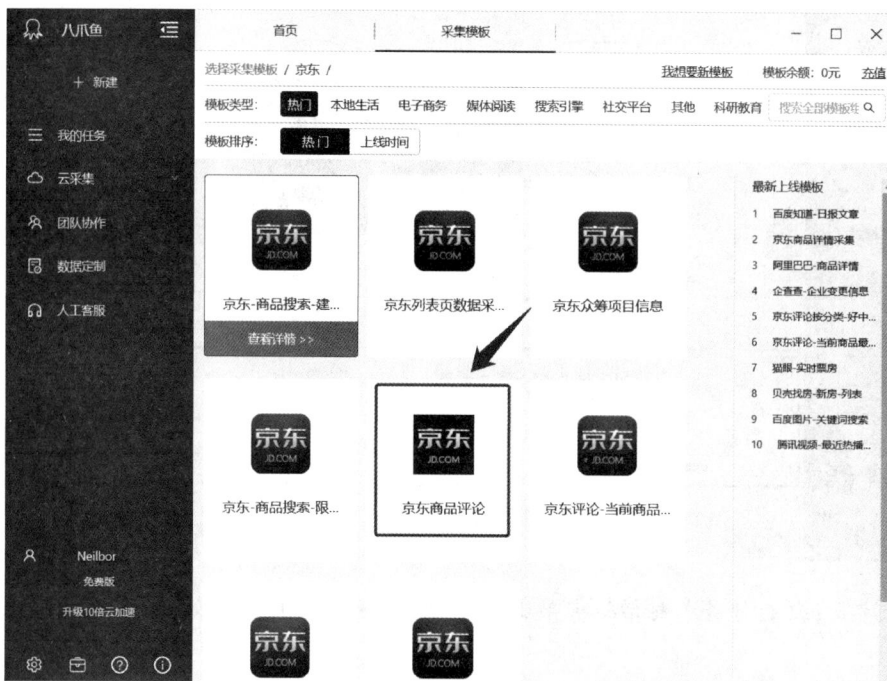

（3）单击【立即使用】按钮，如下图所示。

（4）在【配置参数】栏目中的【输入网址】文本框中输入格力京东自营旗舰店下的格力 KFR-26GW/NhPaB1W 型云锦空调的网址。（部分网站设有反爬虫机制）

由于京东商城只展示每个商品前 100 页的评论，所以将【翻页次数】设置为 100。设置完成后，单击【保存并启动】按钮，如下页图所示。

（5）在【运行任务】对话框中单击【启动本地采集】按钮，如下图所示。

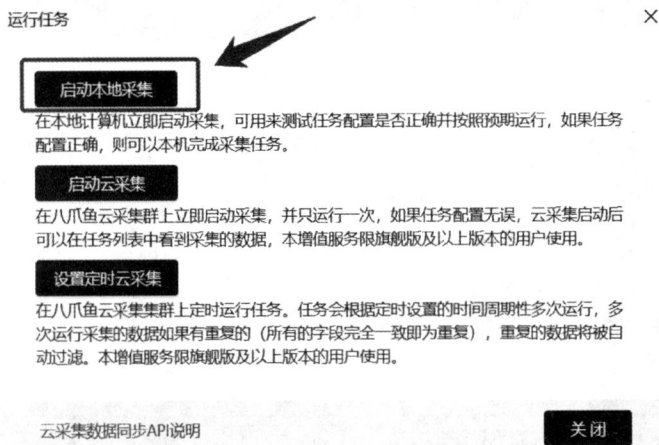

（6）采集完成后单击【导出数据】按钮（见左下图），选择【Excel(xlsx)】单选按钮，并单击【确定】按钮完成导出（见右下图）。将文件命名为"京东商品评论——空调"。

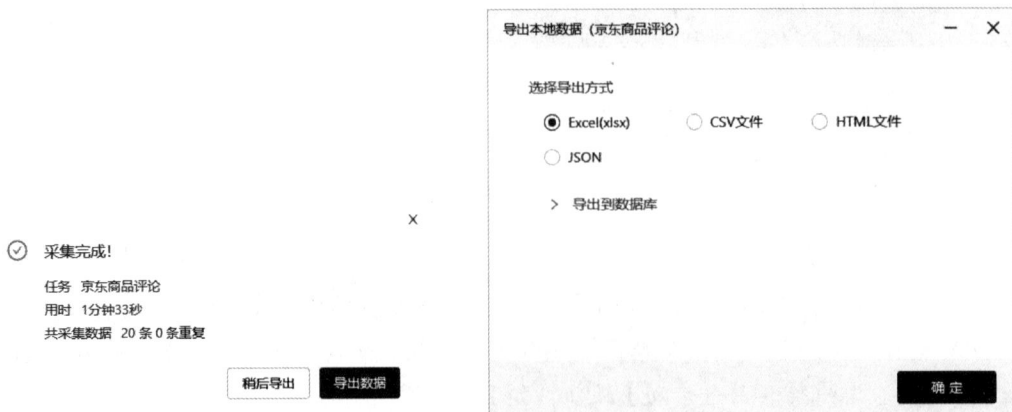

采集到的数据如下图所示。

	A	B	C	D	E	F	G	H	I	J	K	L	M
1	会员	级别	评价星级	评价内容	时间	点赞数	评论数	追评时间	追评内容	商品属性	页面网址	页面标题	采集时间
2	w***8		star5	外形外观：造型和颜色都很好看。白色的内、外	2019/12/3 15.10	3	3			大1匹【一	https://ite	【格力KFI	02:43.2
3	m***q		star5	这款空调有静音模式，很柔和，适合家里有小孩	2019/6/22 15.49	1	3			大1匹新品	https://ite	【格力KFI	02:43.2
4	j***f	PLUS会	star5	外形外观：外观设计风格很漂亮，很有流线感，	2019/11/25 15:36	0	1			大1匹【一	https://ite	【格力KFI	02:43.3
5	5***3	PLUS会	star5	外形外观：白色百搭！冷暖效果：已入冬，制冷	2019/11/17 13:27	0	1			大1匹【一	https://ite	【格力KFI	02:43.3
6	成***3		star5	很好，非常静音。不错的选择。相信格力。包装	2019/6/20 17.34	47	38			大1匹新品	https://ite	【格力KFI	02:43.4

8.8　回顾与反思

💡 提示：每个知识点与技能点学习完成后，边回忆边写学习笔记，将所学知识、技能、个人感想及可分享资源记录下来，再将整个"知识与技能学习"模块的逻辑关系绘制成思维导图。

8

附录 A
Matplotlib
数据可视化

Matplotlib 是 Python 中的数据可视化展示库。数据可视化是数据分析中非常重要的环节，好的数据可视化方法可以将复杂的结果形象地展示出来。

绘图主要使用 Matplotlib 库 pyplot 模块中的函数，所以首先需要导入这个模块。代码如下：

```
import matplotlib.pyplot as plt
```

或

```
from matplotlib import pyplot as plt
```

A.1 基础图形绘制

1 折线图：plot 函数

（1）基本绘制

折线图是基本图形，可用来展示数据变化的趋势，可使用 pyplot 模块中的 plot 函数进行绘制。其调用格式如下：

```
plot(x,y)
```

其中，x 表示数据的横坐标；y 表示数据的纵坐标。

现以绘制一个简单波形图为例，说明如何调用 plot 函数。代码如下：

```
   # 创建模拟数据
1  import numpy as np
2  x = np.linspace(0, 10, 100)
3  y = 4 + 2 * np.sin(2 * x)
   # 绘制折线图
4  plt.plot(x,y)
```

运行结果如下图所示。

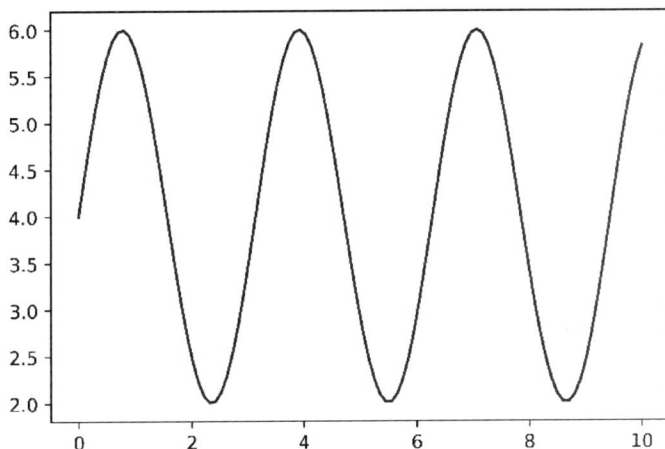

（2）设置绘图框

通过 figure 函数可以对绘图框进行设置。其调用格式如下：

figure(figsize, dpi)

其中，figsize 表示图形的大小；dpi 表示图形的像素。

现以设置波形图图框为例，对 figure 函数的使用进行说明。代码如下：

```
    # 设置绘图框
1   plt.figure(figsize=(8,4),dpi=130)
    # 绘制折线图
2   plt.plot(x,y)
```

运行结果如下图所示。

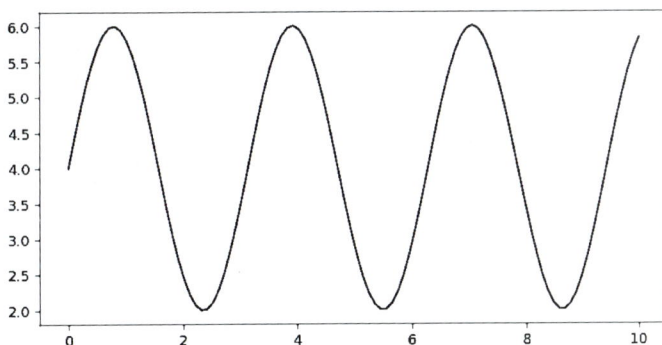

（3）设置图形样式

在 plot 函数中，可进一步添加样式参数来丰富图形。其调用格式如下：

plot(x,y,linestyle,linewidth,color,marker,markersize,alpha)

其中，linestyle 可以简写为 ls，表示折线的类型，可以是实线（默认）、虚线（--）、点画线（-.）等；linewidth 可以简写为 lw，表示折线的宽度；color 可以简写为 c，表示颜色；marker 表示为折线添加的点的形状；markersize 表示点的大小；alpha 表示图形的透明度。

另外，常见颜色类型的参数可以用简写形式。参数及说明如下表所示。

参　　数	说　　明
b	blue，蓝色
g	green，绿色
k	black，黑色
r	red，红色
y	yellow，黄色

常见数据点的形状的参数及说明如下表所示。

参　　数	说　　明
.	点
o	圆圈
*	星形
x	十字架
s	正方形
p	五角星
+	加号

丰富上面波形图的样式。代码如下：

```
#丰富图形样式
1  plt.plot(x,y,ls='--',lw=1,c='green',marker='.',markersize=5)
```

运行结果如下图所示。

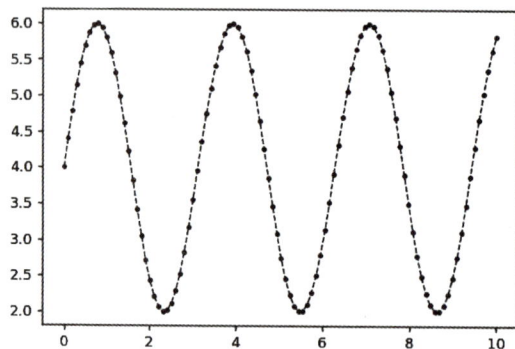

2　散点图：scatter 函数

（1）基本绘制

散点图也是基本图形，可用来展示两个变量之间的关系，可使用 pyplot 模块中的 scatter 函数进行绘制。其调用格式如下：

```
scatter(x,y)
```

其中，x 表示数据的横坐标；y 表示数据的纵坐标。

随意绘制一个散点图。代码如下：

```
# 创建模拟数据
1   np.random.seed(3)
2   x = 4 + np.random.normal(0, 2, 24)
3   y = 4 + np.random.normal(0, 2, len(x))
    # 绘制散点图
4   plt.scatter(x,y)
```

运行结果如下图所示。

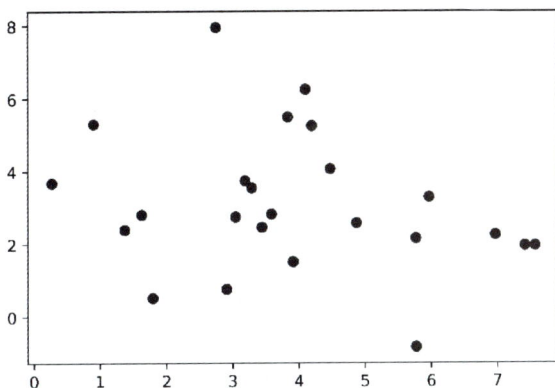

（2）设置图形样式

在 scatter 函数中，也可进一步添加样式参数来丰富图形。其调用格式如下：

```
scatter(x,y,s,lw,c,marker,edgecolor)
```

其中，s 表示点的大小；lw 表示控制边界的宽度；c 表示颜色；marker 表示点的形状；edgecolor 表示点的边框颜色。

丰富上面散点图的样式。代码如下：

```
# 绘制散点图
1   plt.scatter(x,y,s=100,lw=1,c='white',marker='s',edgecolors='black')
```

运行结果如下图所示。

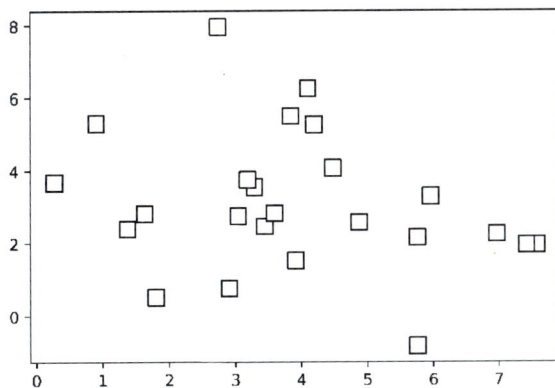

3　柱状图：bar 函数

（1）基本绘制

柱状图可展示离散的数据，可使用 pyplot 模块中的 bar 函数进行绘制。其调用格式如下：

```
bar(x,y)
```

其中，x 表示数据的横坐标；y 表示数据的纵坐标。

随意绘制一个柱状图。代码如下：

```
   # 创建模拟数据
1  np.random.seed(3)
2  x = 0.5 + np.arange(8)
3  y = np.random.uniform(2, 7, len(x))
   # 绘制柱状图
4  plt.bar(x,y)
```

运行结果如下图所示。

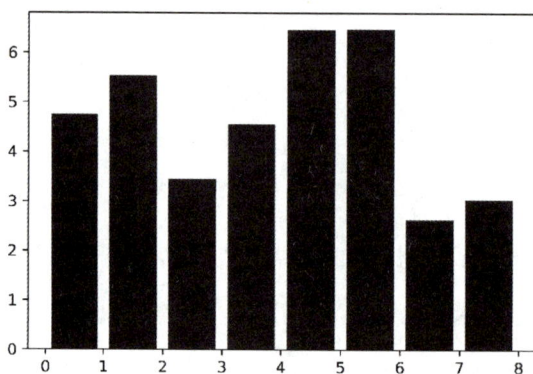

（2）设置图形样式

在 bar 函数中，也可进一步添加样式参数来丰富图形。其调用格式如下：

```
bar(x,y,width,lw,color,edgecolor)
```

其中，width 表示柱体的宽度。

丰富上面柱状图的样式。代码如下：

```
   # 绘制柱状图
1  plt.bar(x,y,width=0.5,lw=1,color='white',edgecolor='r')
```

运行结果如下图所示。

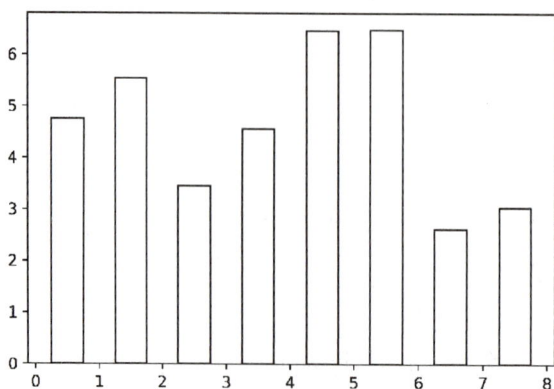

4　饼图：pie 函数

（1）基本绘制

饼图可展示整体与部分之间的关系，可使用 pyplot 模块中的 pie 函数进行绘制。其调用格式如下：

```
pie(x)
```

其中，x 表示数据的大小。

随意绘制一个饼图。代码如下：

```
    # 创建模拟数据
1   x = [1, 2, 3, 4]
    # 绘制饼图
2   plt.pie(x)
```

运行结果如下图所示。

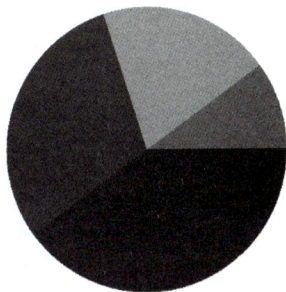

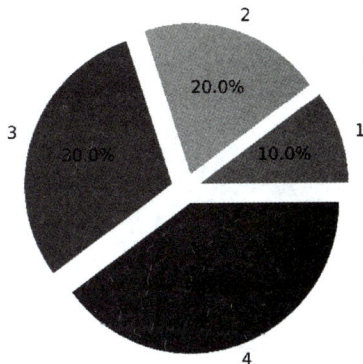

左图彩色版

（2）设置图形样式

在 pie 函数中，也可进一步添加样式参数来丰富图形。其调用格式如下：

```
pie(x,explode,autopct,labels)
```

其中，explode 表示偏离量；autopct 表示占比；labels 表示标签。

丰富上面饼图的样式。代码如下：

```
    # 绘制饼图
1   plt.pie(x,explode=[0.1]*4,autopct='%1.1f%%',labels=x)
```

运行结果如下图所示。

左图彩色版

A.2　坐标轴控制

1　设置坐标轴显示范围：xlim 函数与 ylim 函数

在 Python 中，可使用 Matplotlib 库 pyplot 模块中的 xlim 函数与 ylim 函数设置坐标轴显示范围。以折线图为例，其代码如下：

```
    # 导入 pyplot 模块
1   from matplotlib import pyplot as plt
    # 绘制折线图
2   plt.plot([0,4],[0,4])
    # 设置 X 轴显示范围为 0 ～ 5
3   plt.xlim(0,5)
    # 设置 Y 轴显示范围为 0 ～ 5
4   plt.ylim(0,5)
```

运行结果如下图所示。

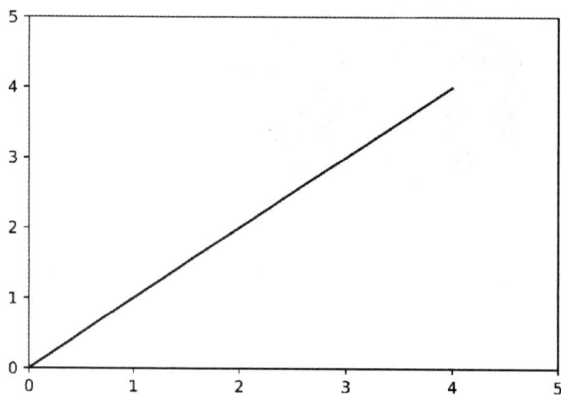

2　设置坐标轴刻度：xticks 函数与 yticks 函数

在 Python 中，可使用 Matplotlib 库 pyplot 模块中的 xticks 函数与 yticks 函数设置坐标轴的刻度显示。以上图为例，修改坐标轴刻度的代码如下：

```
    # 导入 pyplot 模块
1   from matplotlib import pyplot as plt
    # 绘制折线图
2   plt.plot([0,4],[0,4])
    # 将 X 轴刻度 [0,1,2,3,4,5] 显示为 ['a','b','c','d','e','f']
3   plt.xticks([0,1,2,3,4,5],list('abcdef'))
    # 将 Y 轴刻度 [0,1,2,3,4,5] 显示为 ['a','b','c','d','e','f']
4   plt.yticks([0,1,2,3,4,5],['a','b','c','d','e','f'])
```

运行结果如下页图所示。

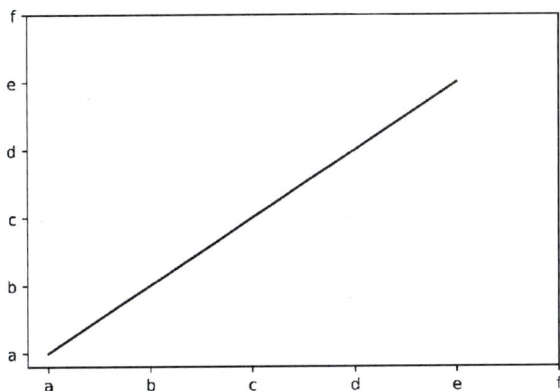

3　设置坐标轴名称：xlabel 函数与 ylabel 函数

在 Python 中，可使用 Matplotlib 库 pyplot 模块中的 xlabel 函数与 ylabel 函数设置坐标轴名称。需要注意的是，如需在 Matplotlib 图形中添加中文，则需添加如下语句。

Windows 系统中：

```
plt.rcParams['font.family'] = 'SimHei'
```

Mac 系统中：

```
plt.rcParams['font.family'] = 'Arial Unicode MS'
```

仍以 xlim 函数与 ylim 函数得到的折线图为例，设置坐标轴名称的代码如下：

```
   # 导入 pyplot 模块
1  from matplotlib import pyplot as plt
   # 设置中文字体
2  plt.rcParams['font.family'] = 'SimHei'
   # 绘制折线图
3  plt.plot([0,4],[0,4])
   # 设置横坐标名称
4  plt.xlabel(' 横坐标 ')
   # 设置纵坐标名称
5  plt.ylabel(' 纵坐标 ')
```

运行结果如下图所示。

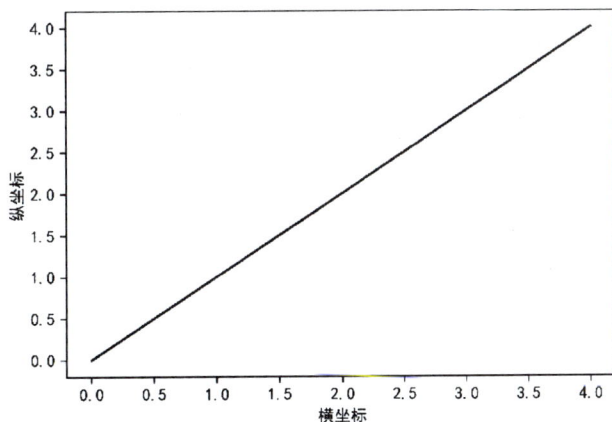

4　设置图的标题：title 函数

在 Python 中，可使用 Matplotlib 库 pyplot 模块中的 title 函数设置图的标题。以上页第 2 个图为例，设置图的标题的代码如下：

```
   # 导入 pyplot 模块
1  from matplotlib import pyplot as plt
   # 设置中文字体
2  plt.rcParams['font.family'] = 'SimHei'
   # 绘制折线图
3  plt.plot([0,4],[0,4])
   # 设置图的标题
4  plt.title(' 折线图 ')
```

运行结果如下图所示。

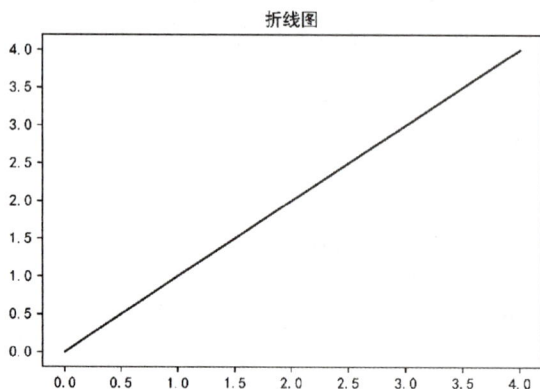

A.3　多个图形显示

1　多个图形显示在一个图形上

实现多个图形显示在一个图形上的代码如下：

```
   # 创建模拟数据
1  import numpy as np
2  x = np.arange(10)
3  y1 = 2.5 * np.sin(x / 20 * np.pi)
4  y2 = y1+2
   # 导入 pyplot 模块
5  from matplotlib import pyplot as plt
   # 绘制第一个图
6  plt.plot(x,y1)
   # 绘制第二个图
7  plt.plot(x,y2)
```

运行结果如下页图所示。

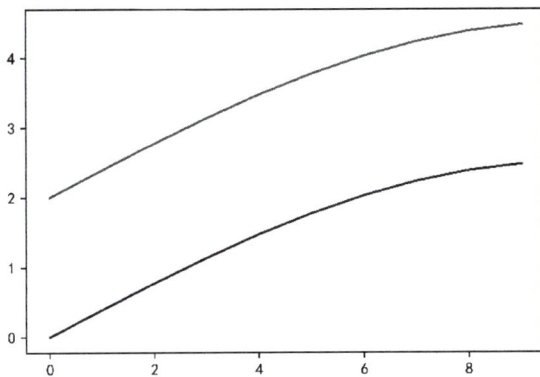

2　多个图形单独显示：subplot 函数

绘制在一行中分别显示柱状图、散点图和折线图的代码如下：

```
    # 创建模拟数据
1   x=['a','b','c','d']
2   y=[4,3,6,3]
    # 导入 pyplot 模块
3   import matplotlib.pyplot as plt
    # 设置中文字体
4   plt.rcParams['font.family'] = 'SimHei'
    # 设置组合图，subplots 表示子图。其中，1 表示行数取 1，3 表示列数取 3，figsize 表示图形大小，
    dpi 表示图形像素
5   fig, axs = plt.subplots(1, 3, figsize=(9, 3),dpi=200)
    # 绘制第一个图
6   axs[0].bar(x, y)
    # 绘制第二个图
7   axs[1].scatter(x, y)
    # 绘制第三个图
8   axs[2].plot(x, y)
    # 设置图的标题
9   fig.suptitle(' 组合图 ')
```

运行结果如下图所示。

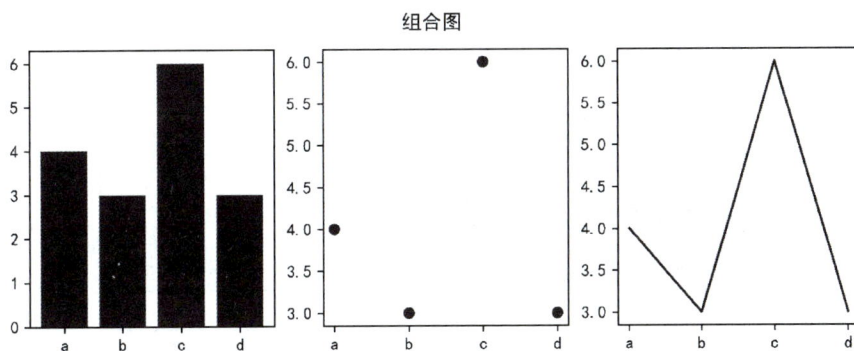

绘制在一行分别显示柱状图和散点图的代码如下：

```
    # 导入 pyplot 模块
1   import matplotlib.pyplot as plt
    # 设置像素
```

```
2    plt.figure(dpi=150)
     # 设置组合图样式为 2 行 2 列，并且 axs1 位于第一个图
3    axs1 = plt.subplot(1,2,1)
     # 绘制第一个图
4    axs1.bar(x, y)
     # 设置 axs2 位于第二个图
5    axs2 = plt.subplot(1,2,2)
     # 绘制第二个图
6    axs2.scatter(x, y)
```

运行结果如下图所示。

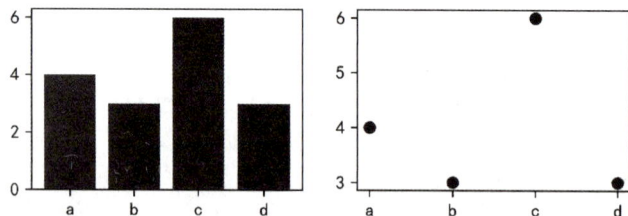

绘制在两行分别显示柱状图、散点图和折线图的代码如下：

```
     # 导入 pyplot 模块
1    import matplotlib.pyplot as plt
     # 设置像素
2    plt.figure(dpi=150)
     # 设置组合图样式为 2 行 2 列，并且 axs1 位于第一个图
3    axs1 = plt.subplot(2,2,1)
     # 绘制第一个图
4    axs1.bar(x, y)
     # 设置 axs2 位于第二个图
5    axs2 = plt.subplot(2,2,2)
     # 绘制第二个图
6    axs2.scatter(x, y)
     # 新建一个 2 行 1 列的图，设置 axs3 位于第二个图（第 2 行第 1 列）
7    axs3 = plt.subplot(2,1,2)
     # 绘制第三个图
8    axs3.plot(x, y)
```

运行结果如下图所示。

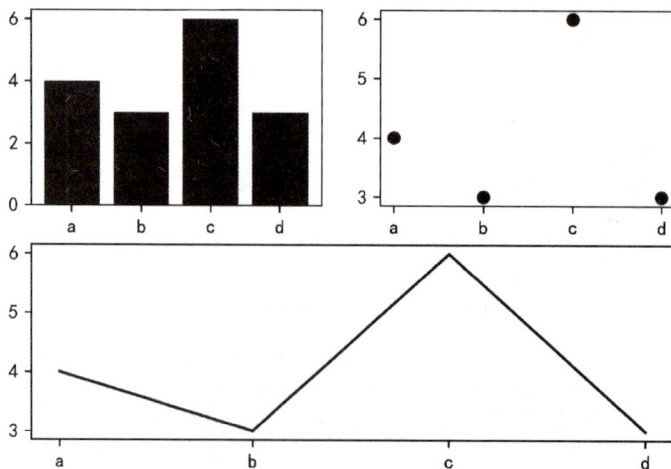